# LA BANQUE

OLIVIER PASTRÉ

LES ESSENTIELS MILAN

# Sommaire



*Les mots suivis d'un astérisque (*) sont expliqués dans le glossaire.*

# Les banques,
## mal aimées mais indispensables

Un paradoxe: malgré le chômage, 74% des moins de 20 ans n'ont pas envie de travailler dans la banque. Alors qu'il y a 10 ans à peine, les banques étaient respectées et devenir banquier était un rêve. À force de se croire indispensables, les banquiers se sont coupés de leur clientèle. Pire: à force de se battre entre elles, les banques ont pris plus de risques pour moins de profit. Le cimetière des banques ressemble de plus en plus à celui des éléphants...

Et pourtant, les banques sont indispensables. Ce sont elles qui gèrent nos moyens de paiement, ce sont elles qui rémunèrent notre épargne* et ce sont elles qui financent les entreprises.

Cet ouvrage ne prétend pas faire aimer aux lecteurs leurs banques, mais seulement les aider à les comprendre. Pour relever ce défi, il faut faire un détour historique pour aller à l'origine du métier bancaire. Ensuite, examiner en détail le métier de banquier pour en faire mesurer les contraintes mais aussi les atouts. Enfin, mondialisation oblige, resituer la France dans le système bancaire international.

# L'Antiquité

**La banque, au sens moderne du terme, a vu le jour en Grèce. Souvent liée à l'Église, la banque a accompagné le développement du commerce international et aussi... des armées.**

**Chinoiseries**

**Ce sont les Chinois qui, ayant inventé l'imprimerie, ont émis les premiers billets de banque au VIIe siècle apr. J.-C.**

## L'anté-banque

Bien que, dans l'Égypte pharaonique, la vie soit considérée comme un crédit, les prêtres du dieu Râ ne sont pas de véritables banquiers. La banque est-elle née alors en Mésopotamie, 2000 ans av. J.-C.? On peut le croire puisque certains commerçants mésopotamiens de l'époque reçoivent des dépôts* et octroient des crédits*. On peut le croire aussi puisque Hammourabi, roi de Babylone de 1955 à 1913 av. J.-C., édicte une véritable « loi bancaire » qui définit les conditions de réalisation des opérations de banque. La banque, dès cette époque, est considérée comme une industrie à part qui nécessite un contrôle étroit de la part des gouvernements.

**Bas-relief représentant un banquier romain.**

Mais la banque mésopotamienne n'est pas une banque au sens moderne du terme. Les opérations concernées ne portent pas sur la monnaie mais sur les biens précieux et le fait d'effectuer un dépôt ne permet pas à un particulier de recevoir un crédit. La monnaie n'existe donc pas encore. Les banquiers sont alors de simples loueurs de coffres et de simples prêteurs sur gage*. À noter, dès cette époque, un lien étroit entre l'Église et la banque. Les Églises sont riches et sûres, et les prêtres sont, en général, lettrés: rien d'étonnant que le commerce de l'argent s'y développe.

## La Grèce et L'Égypte

C'est au VIIe siècle av. J.-C. qu'apparaît, en Lydie, la monnaie frappée et, surtout, que se développent les opérations de change* liées au développement du commerce méditerranéen. C'est la Méditerranée qui a accouché

Monnaies grecques.

du commerce de banque. Sur leur comptoir (*trapeza*), les « trapézites » grecs favorisent ainsi les premières opérations de commerce international. Puis, développement de l'écriture aidant, les « trapézites » deviennent des banquiers au sens moderne du terme : ils tiennent les comptes de leurs clients et leur permettent d'effectuer des règlements par virement de compte à compte ou même par chèque. Accessoirement, ils assument des fonctions de notaire. L'Égypte, déjà étatiste sous le bas Empire, organise ce métier et en fait un privilège royal. Les premières banques nationalisées* (comme la puissante banque royale d'Alexandrie) voient ainsi le jour.

**Drôles d'espèces**
**Pendant de nombreux siècles, les pièces de monnaie étaient de forme et de valeur incroyablement diversifiées. La première véritable pièce « moderne » est le sicle babylonien. Pesant 8,4 g d'argent, cette pièce est standardisée et facilite ainsi les échanges.**

## Rome

Rome prend le relais et développe encore davantage l'activité bancaire. L'innovation financière ne date pas d'aujourd'hui. Les *argentarii* effectuent de nombreuses opérations de banque : dépôts, crédits, tenue des comptes et services de chèques (*praescriptio*). Comme le font encore aujourd'hui les banques italiennes (et comme le faisaient les banques françaises sous l'Ancien Régime), les grandes banques de Rome collectent aussi les impôts. Certaines banques romaines accompagnent aussi les armées. Les *negociatores* constituent ainsi le premier réseau bancaire multinational. Il n'y a pas, comme aujourd'hui dans certains pays, une division du travail bancaire. Les banques sont des banques généralistes faisant tous les métiers. Ce que nous appellerions aujourd'hui des banques universelles.

La banque est née en Méditerranée. L'Égypte, la Grèce et Rome ont progressivement défini les règles de ce nouveau métier.

# Du Moyen Âge aux Temps modernes

**La banque se développe au rythme de l'économie. Ses deux « parrains », avec lesquels les relations s'avèrent parfois difficiles, sont l'Église et l'État.**

## Le rôle de l'Église

La banque est le reflet de l'économie. Quand l'insécurité domine, quand les échanges se raréfient, les banques dépérissent (du VIIIe au XIe siècle). Au contraire, quand le Moyen Âge finissant retrouve les voies du négoce, les banquiers accompagnent le développement des grandes foires commerciales.

L'Église va à nouveau jouer un rôle crucial dans l'histoire de la banque. Jusqu'au XIe siècle la banque et l'Église font bon ménage, mais la réforme grégorienne va tout bouleverser. En interdisant aux chrétiens de pratiquer l'usure*, l'Église catholique va à partir de 1090 permettre à certaines minorités religieuses (juifs puis protestants) de se spécialiser dans un secteur qui allait s'avérer particulièrement lucratif.

Banquier hollandais (gravure datant de 1639).

## Dans toute l'Europe

Dans le nord de l'Europe, le métier de banquier se spécialise. Du simple changeur aux négociants internationaux, en passant par les Cahorsins (prêteurs sur gage*, originaires de Cahors, établis en Allemagne et en Hollande) et les Lombards (originaires d'Italie), chacun forge les instruments de sa spécificité.

En Europe du Sud, les frontières sont moins nettement marquées. Les « banques à tout faire » se généralisent. Entre les petites qui opèrent sur leur banc (*banca*, à l'origine du mot banque) et les Médicis, grands banquiers italiens qui prêtent même aux rois, il existe une différence de taille, mais pas de métier.

## La France

En France, l'acte de naissance de la banque moderne remonte à 1119, date de la fondation de l'ordre des Templiers (dont l'influence s'étendait bien au-delà des frontières). Sur la base de leurs richesses (et non des dépôts* de leur clientèle), les Templiers vont financer les croisades aussi bien que l'agriculture. Devenus trop puissants, ils seront dépossédés par le roi : la première nationalisation* bancaire ! Cette même mésaventure, le grand banquier Jacques Cœur la connaîtra au XVe siècle : l'État, qui dépend trop des banques, ne trouve pas d'autre moyen pour éponger ses dettes que de l'emprisonner. D'où un relatif retard des banques en France (malgré un marché des changes* florissant à Paris, qui se tenait sur l'actuel Pont-Neuf) : au XVIe siècle, il ne reste plus qu'une foire internationale en France, à Lyon, mais ce sont les banques allemandes et italiennes qui y opèrent.

## Les Temps modernes

L'Europe du Nord profite de son ouverture maritime et de l'exil des protestants persécutés dans les pays du sud du continent : la première Bourse* est créée à Anvers (Belgique) en 1531. Les Fugger, banquiers allemands, ne se contentent pas de prêter : ils investissent dans le capital* des entreprises naissantes (ce que l'on appelle aujourd'hui le capital risque*). L'Angleterre, de son côté, invente les premiers billets (les *goldsmiths notes*). Idée que John Law, d'origine écossaise, reprend en France, en créant la Banque générale en 1716. Il émet des billets, dont la valeur n'est pas garantie par une réserve d'or suffisante. Sa banque devient la Banque royale, soutenue par l'État. Mais il met en circulation trop de billets. Les détenteurs de billets perdent confiance, plus personne ne veut de ces morceaux de papier, et la banque de Law disparaît dans une faillite retentissante et la ruine de ses clients.

**Fausse monnaie**

**La fausse monnaie n'a pas attendu le billet de banque pour exister : pendant la guerre de Cent Ans, les Bourguignons (partisans des Anglais) inondèrent Paris de faux deniers qui ruinèrent une foule de petites gens.**

**Le franc**

**En tant qu'unité de compte, il est né en France en 1795. En tant que moyen de paiement, le premier franc est le franc germinal émis en 1803.**

L'activité de la banque et de l'économie sont liées. Croissance et crises se succèdent sous l'œil attentif de l'Église et de l'État.

# Le XIX$^e$ et le début du XX$^e$ siècle

**La banque moderne fait sa véritable apparition au XIX$^e$ siècle. Elle a permis le décollage de l'industrie et le financement de la colonisation jusqu'à ce que la crise de 1929 brise cet élan.**

## La révolution industrielle et bancaire

Au début du XIX$^e$ siècle, certaines banques financent l'industrie. Napoléon I$^{er}$ crée la Banque de France, organisme privé chargé de surveiller le secteur bancaire et qui détient le privilège d'émettre la monnaie. Mais la banque moderne ne naît véritablement qu'avec le Second Empire. Le Crédit Lyonnais (fondé par Henri Germain) et autres Société Générale naissent et ont pour but de financer l'industrie. Le chèque commence à remplacer les billets (en raison notamment de l'augmentation des échanges financiers et des problèmes de sécurité que cela pose). Face à ce rôle croissant joué par les banques, l'État va s'intéresser de plus près à ce secteur. Le *Banking Act* de 1844 en Angleterre ouvre la voie à la nationalisation* des banques centrales* et au monopole* de l'émission monétaire par l'État.

Ayant conquis leur marché national, les Banques vont aussi accompagner leur pays et les entreprises dans leurs conquêtes coloniales. Les banques françaises vont financer le percement du canal de Suez en Égypte. Les banques anglaises et les négociants londoniens vont jeter les bases de l'Empire britannique.

**Locaux de la Banque de France, rue Vrillère (Paris), au début du XX$^e$ siècle.**

**Les Rothschild**
**Meyer Amschel Rothschild fonda, en 1760, une maison qui, après avoir fait le commerce d'antiquités, s'intéressa au commerce d'argent. Il allait donner naissance à la plus célèbre dynastie de banquiers.**

## La grande crise de 1929

À force de financer l'industrie, on dépend de celle-ci. Le grand krach* de 1929 à la Bourse* américaine de Wall Street, qui se répercuta aux autres Bourses mondiales et fut à l'origine d'une longue crise économique (krach auquel les banques ont contribué par leur participation à la spéculation* des années 1920), va acculer à la faillite des milliers d'entreprises. Les banques vont accompagner leurs clients dans leur chute. 10000 faillites bancaires en moins de dix ans rien qu'aux États-Unis. Comme toujours, quand il y a crise, l'État refait son apparition. Les lois bancaires qui ont donné aux banques leur physionomie actuelle datent des années 1930. Séparation accrue des fonctions bancaires, accentuation de l'intervention de l'État dans la politique monétaire: les banques peuvent avoir de multiples activités, mais sous contrôle.

**Les 200 familles**
**C'est le Front populaire, en 1936, qui nationalise la Banque de France jugée trop soumise aux intérêts de ses 200 plus gros actionnaires, considérés comme les « 200 familles » les plus riches.**

## La banque encadrée (1945-1967)

Au lendemain de la Seconde Guerre mondiale, la France doit être reconstruite. Pour que les banques financent la reconstruction, encore faut-il que le secteur bancaire soit lui-même… reconstruit. Pour cela, les plus grosses banques seront nationalisées* (Crédit Lyonnais, Société Générale…) et le cadre réglementaire du secteur sera redéfini. C'est à cette époque que sont créés le Conseil national du crédit et la Commission de contrôle des banques.

Mais le recadrage de l'activité bancaire ne se limite pas aux structures juridiques. Les banques sont spécialisées par métier (banques de dépôts*, banques d'affaires*…). L'État encadre et contrôle le volume du crédit* afin de maîtriser les risques de « surchauffe » économique. En influant sur les taux d'intérêt*, l'État veut diriger l'affectation des crédits par secteurs économiques. Les banques françaises sont, à cette époque, très frustrées mais très riches.

De 1800 à 1967, la banque se professionnalise et s'internationalise. Un point noir : la crise de 1929 qui oblige l'État à intervenir.

# La banque moderne : de 1967 à nos jours

**À partir de 1967, la banque devient le poumon financier de l'économie française. Nationalisation, banalisation, privatisation : la modernisation des banques françaises est rapide mais ne se produit pas sans accrocs.**

## La *Conquista* bancaire (1967-1981)

Jusqu'en 1967, les banques jouent un rôle relativement marginal dans le financement de l'économie française. Les dépôts* sont collectés par le réseau de La Poste et des Caisses d'épargne (organismes publics) et les crédits* sont octroyés par d'autres organismes publics dont le plus puissant est le Fonds de développement économique et social (FDES). Ce système est trop rigide alors que se profile à l'horizon la société de consommation. C'est Michel Debré, alors ministre des Finances du général de Gaulle, qui provoque en 1967 la première révolution bancaire. En limitant les contraintes qui pèsent sur le secteur, il va libérer les énergies. On assiste à une extraordinaire course aux guichets (et donc aux clients) : les agences bancaires passent de 4 800 en 1967 à plus de 9 000 en 1974. Celle-ci s'accompagne d'un mouvement d'embauche d'une ampleur sans précédent : de 150 000 personnes en 1967, les effectifs bancaires passent à 240 000 en 1974.

**BB = besoin de banque**

**La mensualisation des salaires, qui rend obligatoire l'ouverture d'un compte bancaire, concernait 75 % des salariés en 1972 alors qu'elle n'en concernait que 10 % en 1969.**

## Nationalisation et banalisation (1981-1990)

La deuxième révolution bancaire va se dérouler en trois temps. Le 10 mai 1981 marque, avec l'élection de François Mitterrand, le retour de l'intervention de l'État. Et donc la nationalisation* des trente-neuf banques dont les dépôts étaient supérieurs à 1 milliard de francs (ce qui a, en fait, sauvé de nombreuses banques d'une faillite certaine et contribué à introduire, dans de nombreux cas, des règles modernes de gestion). Mais cette tendance ne dure pas. Très vite, le libéralisme* reprend le dessus et une grande réforme, la loi bancaire de 1984, fait disparaître presque toutes les contraintes. La banalisation* devient la règle d'or. Celle-ci s'accompagne d'un mouvement sans précédent d'innovation financière très inspirée du modèle anglo-saxon, paradis des *golden boys* (littéralement, garçons dorés, qui gagnent beaucoup d'argent grâce à leurs opérations financières).

**La société de consommation**
**Alors qu'en 1963 à peine 30 % des Français disposaient d'un téléviseur, moins de 15 ans après, ce chiffre était de 87 %.**

## Privatisation et crise

Au début des années 1990, il ne reste plus grand-chose à libéraliser. Les partis de droite gagnent les élections législatives et reviennent au gouvernement. De grandes entreprises, en particulier les banques, sont privatisées*. Mais les «années folles» sont terminées. L'intervention des banques dans beaucoup de secteurs économiques stimule l'innovation financière mais multiplie les risques. À la crise des petites et moyennes entreprises (PME) succède la crise immobilière. Les banques, ayant détruit leurs marges* à coup de concurrence assassine et s'étant engouffrées sans contrôle dans des marchés qu'elles ne connaissaient pas, vont commencer à souffrir. Du Crédit Lyonnais au Crédit foncier, les craquements vont se faire de plus en plus sinistres. Le résultat d'une libéralisation mal préparée.

En trente ans, la banque française a connu plusieurs révolutions. Du Tout-État au Tout-Marché, que de mutations (parfois douloureuses) à accomplir pour préparer la banque du XXIe siècle.

***Ci-dessous*:** **présentation de la Caisse des dépôts et consignations à François Mitterrand et Pierre Bérégovoy.**

La réforme de 1967 introduit la concurrence dans le secteur bancaire. À l'exception d'une période au début des années 1980, la tendance est désormais au libéralisme.

# Les métiers de la banque

**La spécificité des banques, c'est la collecte des dépôts et l'octroi des crédits. Mais en offrant de plus en plus de services, les banques ont cherché à fidéliser leur clientèle.**

*« – (…) Moi, si je possède une fleur, je puis cueillir ma fleur et l'emporter. Mais tu ne peux pas cueillir les étoiles !*
*– Non, mais je puis les placer en banque.*
*– Qu'est-ce que ça veut dire ?*
*– Ça veut dire que j'écris sur un petit papier le nombre de mes étoiles. Et puis j'enferme à clef ce papier-là dans un tiroir.*
*– Et c'est tout ?*
*– Ça suffit !*
*C'est amusant, pensa le petit Prince. C'est assez poétique. Mais ce n'est pas très sérieux. »*
Antoine de Saint-Exupéry
*Le Petit Prince.*

## Trois métiers de base

Les banques assurent trois fonctions principales :
– elles collectent des dépôts*. En offrant des produits rapportant des intérêts* (Sicav, comptes à terme…), elles attirent ce qui constitue leur matière première ;
– elles gèrent les moyens de paiement. En échange de leurs dépôts, les banques assurent à leurs clients la libre disposition des moyens de paiement nécessaires à leurs transactions (chèques, cartes de paiement et de crédit, virements…) ;
– elles octroient des crédits*. Certains agents économiques (entreprises) ont besoin de capitaux* pour se développer. Les banques les leur prêtent.
Mais trois métiers, cela signifie également trois types de risques que les banques doivent gérer.

## De nombreuses ramifications

Pour donner une vision globale de l'activité bancaire moderne, il faut tenir compte de deux évolutions récentes. D'abord les banques se sont diversifiées. Elles offrent aujourd'hui du crédit-bail*, de l'assurance vie*, du capital risque*. La liste de ces nouveaux métiers est longue. Mais l'activité la plus récente (et la plus controversée) est l'activité de marché*. C'est sur les marchés financiers* que les banques compensent la faible rentabilité* de leur activité traditionnelle.
Ensuite les banques se sont internationalisées. Gagnant mal leur vie dans leur pays, les banques sont allées travailler à l'étranger. Les banques françaises sont parmi les mieux placées dans ce domaine. Dans chaque pays où elles sont présentes, elles ont adapté leur offre de services aux coutumes bancaires locales. Par ailleurs, en s'interna-

tionalisant, elles ont été obligées d'offrir des services spécifiquement multinationaux (change*, compensation*...). Le métier bancaire change : alors qu'une banque offrait, à la fin des années 1960, une vingtaine de produits, elle en offre aujourd'hui plus de 300. C'est l'ère de l'hypermarché. Avec toutes les mutations que cela suppose.

## Deux clientèles

Les produits sont de plus en plus nombreux mais la clientèle conserve la même structure. Si l'on exclut l'État (français ou étranger) qui est un client à part (très gros client mais pas toujours solvable...), la clientèle des banques se partage en deux, chaque clientèle requérant un type de services bancaires bien particulier :

– les particuliers, c'est-à-dire les ménages : vous et moi. Pour la banque « de détail », il faut beaucoup d'agences, beaucoup de personnel mais, cette clientèle étant rarement en position de force, les marges* bancaires sont (ou, au moins étaient jusqu'il y a quelques années) substantielles.

– les entreprises. Petites ou grandes, elles requièrent des services plus performants et brassent des masses de capitaux plus importantes. Les banques « de gros » font ainsi plus de volume mais aussi moins de marge.

> Gérer les sommes déposées et prêter de l'argent sont les deux métiers d'origine des banques ; mais celles-ci offrent bien d'autres services.

# L'industrie bancaire

**La banque est une industrie à part entière, regroupant plusieurs types d'entreprises avec des particularismes et des spécificités qui faussent en partie les règles de la concurrence.**

## Un poids lourd

La banque constitue un secteur clé de l'économie française:

– la banque, c'est près de 600 entreprises, 400 000 emplois, 25 000 guichets, et 23 000 distributeurs automatiques de billets;

– la banque, c'est 10 milliards de règlements par chèque, carte bancaire ou virement traités chaque année;

– la banque, c'est 6 400 milliards de francs de crédits* et autant de dépôts*, l'équivalent de quatre fois le budget de l'État.

## Un secteur hétérogène

Le secteur bancaire n'est pas un bloc monolithique. Si l'on veut s'y retrouver dans le maquis des entreprises bancaires, on peut opérer plusieurs classifications.

Une première classification distingue les banques selon leur statut juridique:

– les banques en société anonyme (banques dites «AFB*», du nom de leur syndicat professionnel, l'Association française des banques, comme la BNP, la Société Générale ou le CIC);

– les banques mutualistes (Crédit agricole, Crédit mutuel et Banques populaires);

– les institutions financières spécialisées (Caisse des dépôts, Crédit foncier, CEPME...).

À ce périmètre bancaire *stricto sensu*, il faut ajouter les Caisses d'épargne (4200 guichets) et les services financiers de La Poste (17000 guichets).
Une autre classification, plus opérationnelle, distingue les banques selon leurs métiers: banques de dépôts (banques classiques qui collectent des dépôts et octroient des crédits), banques d'affaires* (qui se concentrent sur les opérations de conseil et certaines opérations boursières), banques de marché* (qui se spécialisent dans les activités sur les marchés financiers*)... Chaque catégorie de banque a ses spécificités (et ses risques propres) même si la tendance est aujourd'hui à la banalisation*.

**Les petits «jardins secrets»**
**Vieux privilège, le Crédit agricole dispose, avec la Caisse des dépôts, de l'exclusivité des dépôts des notaires: quelques milliards de francs récoltés ainsi sans trop de peine...**

## La banalisation

Depuis le début des années 1980, dans la plupart des pays développés, la tendance est à la suppression des distinctions artificielles entre les différentes catégories de banques. En France, la loi de 1984 a ainsi supprimé la distinction formelle entre banque de dépôts, banque de crédit à moyen et long terme et banque d'affaires. Cette suppression des barrières réglementaires ne s'est pas, toutefois, accompagnée d'une uniformisation, bien au contraire. Les années 1980 ont ainsi été celles d'un mouvement de recentrage de chaque banque sur son métier, conséquence de la crise économique. Et, après une période de diversification tous azimuts, le retour à la spécialisation bancaire s'est confirmé au cours des années 1990.

## Peut mieux faire

Le maintien de disparités entre banques n'est pas que le fruit de la crise. La banalisation s'est, certes, généralisée. Le secteur bancaire reste toutefois encore caractérisé par de nombreux particularismes.
Les particularismes juridiques ont, assurément, pour la plupart, disparu. Les privilèges fiscaux, quant à eux, subsistent, dont le principal est celui dont jouissent les Caisses d'épargne et La Poste (organismes publics) qui bénéficient du monopole* de distribution du Livret A, produit d'épargne préféré des Français. Le maintien de ces disparités entre banques contribue à fausser le jeu de la concurrence.

La banque constitue un secteur très important de l'économie française et emploie 400000 personnes. Toutes les banques n'ont pas le même statut.

# Les autorités de tutelle

**Si, sur la route bancaire, il peut y avoir des infractions et des accidents, il faut donc des gendarmes. Avec tout l'arsenal policier, de la contravention jusqu'au retrait de permis.**

## Des gendarmes

La banque est un métier à risques. Aussi est-il indispensable de réglementer cette profession. Le texte en vigueur dans ce domaine en France est la loi bancaire de 1984, qui a instauré une véritable banalisation* du secteur bancaire. Alors qu'auparavant le système bancaire était très compartimenté, toutes les banques ont été autorisées à faire tous les métiers. En contrepartie, elles se sont retrouvées soumises au même contrôle. Ce contrôle assuré conjointement (ce qui ne va pas sans problèmes) par le ministère des Finances et la Banque de France repose sur trois institutions:

– le Comité de la réglementation bancaire qui est chargé de définir les règles du jeu de la profession;
– le Comité des établissements de crédit qui a la responsabilité de la délivrance, mais aussi du retrait, des agréments;
– la Commission bancaire qui assure la surveillance quotidienne des banques avec un double rôle de prévention et de sanctions éventuelles.

C'est de très loin la Commission bancaire dont le rôle a été le plus critiqué au cours des derniers mois, pour son «aveuglement» face à la situation de plus en plus préoccupante de banques comme le Crédit Lyonnais, Pallas Stern ou le Crédit foncier.

## Des surveillants

Par ailleurs, les banques cotées en Bourse* sont soumises au contrôle de la COB* (Commission des opérations de Bourse). De leur côté, les banques nationalisées* dépendent de leur actionnaire, l'État, représenté par le ministère des Finances. Par ailleurs, qu'elles soient privées ou publiques, les banques sont surveillées par un autre service de ce même ministère qui juge des conditions

**Contrôle sur mesure**
**Chaque pays a un système bancaire qui lui est propre. Il en est de même de la tutelle : prééminence du ministère des Finances en France, de la Bundesbank (Banque centrale*) en Allemagne et de la Commission boursière (SEC) aux États-Unis.**

**Y a-t-il un pilote... ?**
***« On ne sait plus qui est responsable du système bancaire, le Trésor ou la Banque de France. »***
**Jean Peyrelevade, président du Crédit Lyonnais.**

de concurrence dans le secteur. Enfin, toutes les banques sont soumises au contrôle des instances de régulation internationales (comme la Banque des règlements internationaux). Existe-t-il beaucoup de secteurs qui subissent autant de contrôles ? Et faut-il s'étonner que les banques soient parfois légèrement bureaucratiques ?

## Des « couacs »

Avec un encadrement aussi strict, comment se fait-il qu'autant de quasi-faillites bancaires (en France mais aussi ailleurs) aient fait la une des journaux depuis quelques années ? Deux facteurs ont joué dans ce domaine :
– le développement et l'interconnexion des marchés finaciers* se sont accompagnés d'une multiplication de produits financiers de plus en plus sophistiqués et donc de plus en plus difficiles à contrôler ;
– ce phénomène, inhérent au libéralisme*, s'est accompagné d'un recul de l'État. Les organismes de contrôle sont plus nombreux mais leurs moyens sont restés les mêmes, voire ont régressé.
Davantage d'occasions de dysfonctionnement et des gendarmes moins bien équipés : rien d'étonnant à ce que les infractions (frauduleuses ou non) se multiplient. Rien de surprenant non plus à ce qu'un nouveau gendarme ait fait son apparition dans le paysage bancaire : le juge. Bien que souvent mal formés aux nouvelles techniques financières (d'où parfois certains excès et certains « oublis »), les juges pallient, dans certains cas, aux carences des systèmes de contrôle traditionnels, même si l'on peut regretter d'en être arrivé là.

Qui dit risque dit contrôle. Des autorités de tutelle veillent au grain, même si parfois elles ne peuvent empêcher certains dysfonctionnements.

# Les particuliers : les produits d'épargne

**Si les banques ont de tous temps financé les entreprises, ce n'est que récemment qu'elles ont découvert le marché des particuliers. La concurrence n'en est que plus vive.**

**Les chouchous**
**Sur 9 924 milliards de francs de placements financiers effectués par les ménages, la palme revient aux OPCVM (17 %), aux livrets défiscalisés (exonérés d'impôts) comme le livret A (10,5 %) et aux produits d'assurance vie (10 %). Les Français ont véritablement découvert les charmes des produits financiers.**

## Les dépôts

Alors que les entreprises font généralement appel aux banques pour emprunter, les ménages utilisent davantage les banques pour placer leur épargne*. Les dépôts* des particuliers représentaient 3 500 milliards de francs en 1995 (sur des revenus totaux qui s'élevaient, à cette date, à 5 400 milliards de francs). Ces dépôts sont rémunérés en fonction de leur durée d'immobilisation (pendant laquelle on ne peut les récupérer) : plus celle-ci est longue, plus le rendement est important. Les dépôts à vue (1 500 milliards de francs), disponibles immédiatement, ne sont pas rémunérés. Quant aux dépôts effectués sur un Livret A des Caisses d'épargne ou de La Poste, ceux-ci bénéficient d'exonérations fiscales qui font de ce produit l'un des « chouchous » des Français.

## Les produits « dérivés »

Les banques ont progressivement élargi leur gamme de produits pour satisfaire les besoins de chaque type de clientèle. La première famille de produits, qui a vu le jour dans les années 1960, concerne l'épargne-logement. Pour favoriser l'accession à la propriété, l'État a doté d'avantages fiscaux la plupart des produits d'épargne-logement. La deuxième grande famille de produits bancaires regroupe ce que l'on appelle les OPCVM (organismes de placements collectifs en valeurs mobilières). Derrière ce nom barbare, se cachent les Sicav (sociétés d'investissement à capital variable) et les FCP (fonds commun de placement), supports de placement qui permettent aux particuliers d'acheter des actions* ou des obligations* sans prendre trop de risques et tout en pouvant les revendre facilement.

Les produits d'assurance vie* sont le nouvel «eldorado» des banques. Ces produits ayant disposé d'avantages fiscaux très importants, les banques se sont engouffrées dans leur commercialisation, soit en rachetant une compagnie d'assurances soit, le plus souvent, en créant une compagnie d'assurances «captive». Carotte fiscale et peur des Français pour le financement de leur retraite: le marketing a fait le reste.

**La fin des guichets ?** Il existe en France une banque sans aucun guichet. Cortal, qui a créé la Banque Directe, vend ainsi tous les produits bancaires par téléphone ou par Minitel.

## La concurrence imparfaite

La concurrence entre banques pour la captation de l'épargne des ménages a fait, fait encore et fera toujours rage. Cette concurrence est, toutefois, biaisée par les avantages fiscaux dont disposent certains produits et pas d'autres. Il suffit parfois qu'un tel avantage existe pour que les clients oublient les défauts (en termes de contraintes d'utilisation notamment) du produit qui leur est proposé. La grande bagarre dans ce domaine oppose les banques aux Caisses d'épargne qui, avec La Poste, disposent du monopole de distribution du Livret A. Si ce monopole favorise les Caisses d'épargne, on oublie souvent de dire qu'il a pour contrepartie l'obligation qui leur est faite de financer le logement social. Quelle que soit l'issue de ce combat, que d'énergie perdue à cause d'avantages fiscaux qui n'ont plus aujourd'hui de raison d'être. Pourquoi ne pas laisser les produits d'épargne se concurrencer sur la simple base de leurs mérites respectifs, en l'occurrence leur rendement* ?

La clientèle des particuliers n'est vraiment recherchée que depuis vingt ans par les banques. Mais depuis, que de zèle déployé...

# Les particuliers : les incidents bancaires

**La crise économique a multiplié les incidents entre les banques et leurs clients. Conséquence : les pouvoirs publics ont dû intervenir pour gérer les situations de surendettement.**

**Les exclus**
**Il y a aujourd'hui 1,8 million de personnes interdites de chéquier en France.**

## Les méfaits de la crise

La crise n'est pas la seule source des maux bancaires que connaissent les Français. Au moins aussi grave est la pression constante à la consommation qu'exerce si bien la publicité, et la tentation que constitue le crédit à la consommation* (+ 40 % de crédits à la consommation chaque année sur la période 1986-1992). Consommez aujourd'hui, vous paierez demain ! Mais il ne faudrait pas oublier d'ajouter : « Si vous ne faites pas attention, après-demain vous serez à la rue. » La crise a néanmoins eu pour effet de déstabiliser brutalement le budget de nombreuses familles. Rien d'étonnant à ce que le nombre

d'exclus de la société bancaire se soit, dès lors, multiplié: on estimait, en 1992, à 260000 les cas de surendettement et il y a peu de chances que ce nombre ait dégonflé depuis.

## Chèques « en bois »

Sur 5 milliards de chèques émis en France par an, 600000 se révèlent impayés. Une certitude: il vaut mieux ne pas être l'émetteur d'un de ces chèques. Faute de quoi, on encourt des sanctions non seulement civiles mais pénales, on se voit inscrit au fichier central de la Banque de France, ce qui ne facilite pas l'obtention de crédit par la suite. Et, en cas de non-régularisation rapide, on risque une interdiction de chéquier pendant 10 ans. Il vaut bien mieux négocier avec sa banque une facilité de caisse (si les dépassements n'excèdent pas quelques jours) ou un découvert (si l'impasse de trésorerie risque d'être plus durable) pour des montants qui restent raisonnables (de 50 à 100% du salaire mensuel). Ces services sont, certes, payés au prix fort (de 15 à 20%). Mais c'est le prix à payer pour ne pas perdre un des attributs de l'homme moderne: son chéquier.

## Le surendettement

Aujourd'hui, 52% des ménages ont au moins un crédit. Jusqu'en 1990, en cas de non-remboursement, l'affaire se terminait devant les tribunaux. Chaque crédit obtenu était considéré comme indépendant des autres. En cas de conflit, chaque créancier avait intérêt à être plus dur que les autres pour être remboursé en priorité. La loi Neiertz de 1990, véritable novation juridique par rapport à ce qui se passe dans les autres pays, a introduit deux progrès majeurs. D'abord, elle a créé un fichier national (le FICP) qui permet d'avoir une vision exacte de la situation de chaque débiteur. Mais, plus important, la loi a confié à la Banque de France la recherche de compromis entre créanciers et débiteurs et lui a donné le pouvoir de définir des plans d'apurement de créances permettant aux personnes endettées de rembourser et de régulariser progressivement leur situation. Sur 360000 dossiers déposés entre 1990 et 1995, 156000 plans conventionnels ont ainsi été conclus.

**Le droit au compte**

**Une banque peut-elle refuser d'ouvrir un compte à un client? Oui, mais si un client ne trouve pas de banque qui accepte de lui ouvrir un compte, après plusieurs refus, la Banque de France désignera un établissement qui sera obligé de le faire. Mais il ne sera pas obligé de lui délivrer un chéquier.**

Crise aidant, les conflits se font de plus en plus nombreux entre les Français et leurs banques. Les solutions existent mais… prudence.

# Les particuliers : les jeunes

**Les jeunes sont parfois des clients difficiles. Mais les banques multiplient les offres pour conquérir leur clientèle et la conserver ensuite.**

## Un nouveau marché

Alors qu'auparavant les banques avaient plutôt tendance à se méfier des jeunes, elles ont, au début des années 1980, fait une triple constatation :
– le marché des jeunes est immense : 20 millions de moins de 25 ans ;
– les jeunes sont solvables ou, s'ils ne le sont pas, leurs parents le sont ;
– mais, surtout, les Français ayant horreur de changer de banque, si l'on veut des clients adultes, il faut fidéliser les clients dès l'adolescence.
Sur la base de ce constat, allait s'ouvrir une nouvelle course : la course aux jeunes.

## Le temps des gadgets

Quand elles le veulent, les banques savent se montrer câlines. Et imaginatives : on a ainsi assisté à la multiplication des « gadgets » destinés à attirer cette nouvelle clientèle. Au début on a fait simple (chèque cadeau, voyage ou disque à coût réduit...) puis l'offre s'est sophistiquée : accès à Internet, vignette gratuite pour la première voiture ou même mise à disposition d'une crèche associative pour les jeunes parents (Caisse d'épargne). Les banques se sont ainsi mis à rôder dans les universités (prêt étudiant) voire même à la sortie du lycée (prime donnée aux mentions « Très Bien » du bac parisien par le CIC).

**Banquiers de demain ?**
**Les banques s'enorgueillissent d'embaucher beaucoup de jeunes : de 8 000 à 10 000 par an. Un paradoxe : malgré le chômage, 74 % des jeunes n'ont pas envie de travailler dans une banque.**

## Des produits ciblés

Mais au-delà des gadgets faits pour « attirer le chaland », les banques ont développé une gamme de produits adaptés aux jeunes qui s'élargit du berceau au mariage. Dès la naissance (cadeau proposé de plus en plus souvent dans les maternités), un enfant peut disposer en son nom

d'un compte sur livret classique (Livret A ou compte d'épargne-logement par exemple). À partir de 12 ans et jusqu'à 25 ans, tout ado a désormais accès au fameux Livret Jeune. Lancé à grand renfort de publicité en 1995, ce livret bien rémunéré* (4,75% net d'impôts alors que l'inflation* est à 3%) a rencontré un grand succès (plus de 20 milliards de francs collectés en moins d'un an) auprès des jeunes et de leurs parents (ou grands-parents) qui se sont empressés de les garnir dans la limite du plafond autorisé (10000 francs). Enfin à partir de 16 ans (avec l'autorisation des parents), l'ado devient un client à part entière: compte courant, chéquier et carte de paiement sont les premières étapes avant celles des prêts et crédits* en tous genres (prêt étudiant, découvert autorisé...) que proposent les banques aux 18-25 ans.

**Argent de poche**
**Selon certaines estimations, la tirelire des 4-7 ans contiendrait 450 millions de francs. Quant aux 8-14 ans, ils disposeraient au total d'un budget de près de 6 milliards de francs par an.**

## Des relations ambiguës

Les relations qu'entretiennent les jeunes avec leurs banques sont ambiguës. La crise aidant, 93% des jeunes pensent que la société donne une trop grande place à l'argent. Les jeunes critiquent une communication bancaire « ringarde » et, comme leurs parents, des horaires d'ouverture inadaptés. Par ailleurs, de nombreux jeunes réclament leur indépendance financière. Or les banques n'octroient pas de prêt sans la caution des parents. N'est-ce pas le signe évident d'une prise de risque minimum et d'un manque de confiance envers les jeunes? Les banques sont indispensables mais elles ont encore beaucoup à faire pour conquérir le cœur des jeunes.

Les banques ont découvert le marché des jeunes depuis très peu de temps. Les « fauchés » d'aujourd'hui sont peut-être les « nantis » de demain.

# Les entreprises: le crédit

**Ce sont les banques qui permettent aux entreprises d'investir et donc de créer des emplois. Mais le métier de prêteur est un métier à risques. D'où, parfois, des conflits.**

## Un métier de base: le crédit

Les entreprises ont besoin de capitaux* pour investir. Soit elles les ont accumulés et elles autofinancent leurs investissements, soit elles sont obligées d'emprunter et elles se tournent vers les banques. Il existe autant de formes de crédit* qu'il existe de types d'investissement. On distingue les crédits selon leur durée (court terme jusqu'à deux ans, long terme au-delà) selon leur fonction (facilité de caisse, crédit pour l'exportation, crédit d'équipement) ou encore selon le type de garantie qui leur est attaché. Mais les banques n'aiment pas les crédits sans garantie. Elles appellent cela des crédits «en blanc».

**Le pouvoir de dire «non»**

**Une banque a-t-elle le droit de refuser un crédit? Oui: une banque peut refuser un prêt sans avoir à se justifier de son refus.**

## Les services annexes

Gagnant de moins en moins d'argent avec le crédit (en période de crise, les contentieux (conflits) avec les emprunteurs compensent largement les marges* que la concurrence, par ailleurs, lamine), les banques offrent des services de plus en plus variés aux entreprises. Des services de financement spécialisés d'abord: crédit-bail*, affacturage*... Les banques s'intéressent aussi de plus en plus au capital des entreprises. Pour cela, elles ont créé des sociétés de capital risque* dont certaines ont souffert de la crise mais qui, globalement, ont beaucoup fait pour renforcer les fonds propres* des petites et moyennes entreprises (PME). Les banques se sont aussi développées dans le conseil en matière de transmission d'entreprise, ce qui a permis à de nombreuses entreprises de trouver un repreneur, notamment après le décès du dirigeant fondateur.

**Les banques acquittées**

**De 1971 à 1993, le taux d'investissement des entreprises est passé de 22% à 16% alors que leur taux d'autofinancement est passé de 70% à 110%: la chute de l'investissement ne résulte donc pas d'une panne de financement. Et les banques n'en sont donc pas les seules responsables.**

## Une relation sado-maso

Les relations entre banques et entreprises sont complexes et elles frôlent parfois le sado-masochisme. Après avoir financé inconsidérément certaines entreprises en croissance rapide, elles coupent brutalement tous les crédits. Les banques ayant mauvaise presse (au sens propre de cette expression), on les accuse alors de tous les maux. Quand les banques refusent de prêter (généralement parce que l'emprunteur n'offre pas suffisamment de garanties) on leur reproche d'être «frileuses»; quand elles prêtent sans prendre suffisamment de précautions, on leur reproche, soit de vouloir mettre la main sur le capital* des entreprises, soit de les soutenir abusivement.

Sans céder à ce genre de caricature, il faut souligner que le traitement appliqué par les banques diffère sensiblement selon la taille de l'entreprise. On peut dire ainsi que les PME paient sensiblement plus cher leurs crédits que les grandes entreprises (qui peuvent se tourner vers d'autres sources de financement et qui peuvent mieux faire jouer la concurrence entre banques). Cela paraît *a priori* normal: le surcoût infligé aux PME est le prix du risque que prend la banque. Mais parfois, en période de crise, comme aujourd'hui, on a un peu l'impression que ce prix du risque augmente d'une manière difficile à justifier.

Faire crédit est le premier métier des banques, qui sont amenées à offrir des services de plus en plus variés aux entreprises.

# Les entreprises : les difficultés

**Quand les entreprises se portent bien, les banques sont généreuses. Quand le vent tourne, les choses se compliquent. Et les banques ont parfois du mal à gérer ce type de situation.**

**Un métier à part**
*« La différence entre la banque et les autres métiers est simple : dans les autres métiers, quand vous avez vendu votre produit, les emmerdements s'arrêtent, alors que, dans la banque, ils ne font que commencer. »*
Le directeur général d'une grande banque.

## Les risques du métier

Les banques ont, certes, le « pouvoir de dire non » mais en général elles ne s'en servent pas. Ce sont elles qui financent la plus grande partie de l'économie et, en particulier, les petites et moyennes entreprises (PME). La tâche n'est pourtant pas aisée. Il est prouvé que les risques de faillites sont inversement proportionnels à la taille des entreprises (4,4 % pour les entreprises de 10 à 19 salariés, contre 0,7 % pour celles de plus de 500). Aussi, les provisions* faites, en particulier sur les PME, représentent 90 % du résultat* des banques françaises. Pour se protéger, les banques commencent par faire payer le crédit* plus cher aux PME. Puis, dans certains cas, pour éviter d'accroître leurs risques, elles refusent de prêter davantage. Un principe qui n'est pas critiquable en soi : les banques sont des entreprises, et non des « machines à subventions ».

## La loi de 1985

Une banque prête de l'argent pour, elle-même, en gagner. C'est sa responsabilité face à ses propres actionnaires* et à ses clients. Quand une entreprise rencontre des difficultés, la banque a le choix entre accroître ses engagements (et donc son risque) si elle pense qu'il ne s'agit que d'une mauvaise passe, ou fermer le robinet du crédit, acculant l'entreprise au dépôt de bilan* (mais limitant les pertes pour elle-même).

Mais la banque n'est pas totalement libre de ses mouvements. Bien souvent, quand des licenciements dans l'entreprise en difficulté sont à la clé, les pouvoirs publics interviennent pour encourager les banques à poursuivre leurs efforts. Un mécanisme, jusqu'en 1994, a joué de manière bien plus perverse. La loi de 1985 relative au traitement

**Le taux de l'usure***
**C'est le taux maximal auquel peut être facturé un crédit. En 1996, il était de 21 %, ce qui laisse une marge* confortable au prêteur, alors que l'inflation* est de 2 %.**

des entreprises en difficulté, votée en principe pour éviter les mises en liquidation trop brutales, a, en fait, retiré aux banques presque toute possibilité d'action en cas de dépôt de bilan d'un client. Les garanties obtenues par les banques pour sécuriser leurs prêts se sont vu ainsi retirer presque toute valeur. Le résultat? Incapables de faire valoir leurs droits en cas de difficulté, les banques ont réduit leurs engagements sur les clients les plus risqués, les PME, c'est-à-dire ceux qui avaient le plus besoin d'elles.

## Les voies d'une solution

Après un vif débat, le texte de 1985 a été modifié en 1994 pour permettre aux banques de mieux défendre leurs intérêts. Tous les problèmes ne sont pas résolus pour autant. Pour essayer de sortir de cette situation, les protagonistes doivent modifier leur comportement. Il faut que les PME cessent de considérer les banques comme des ennemies. Le partenariat banque-PME passe d'abord et avant tout par la bonne information du banquier. Mieux vaut prévenir sa banque quand une difficulté surgit que de la laisser (mal) réagir quand il est trop tard. Quant aux banques, elles ont encore beaucoup de progrès à faire aussi. Pour cela deux maîtres mots: la formation du personnel bancaire à la connaissance de ce qu'est véritablement une PME et le capital risque*, moyen de sceller le partenariat banque-PME en renforçant les fonds propres* des entreprises.

La crise multiplie les risques pour ceux qui prêtent de l'argent, comme le font les banques aux entreprises.

# La Bourse

**Elle a pour vocation de fournir des capitaux aux entreprises et peut compléter le financement bancaire.**

**Prudence**
*« J'ai fait fortune en Bourse en n'achetant jamais au plus bas et en ne vendant jamais au plus haut. »*
**Baron James de Rothschild.**

## Les deux modèles de financement

Pour financer une entreprise, il existe deux possibilités. Soit l'entreprise cherche ses capitaux* à la Bourse* : elle se finance alors directement auprès des épargnants* et des organismes financiers qui achètent des actions* ou des obligations* (on parle de finance directe) ; c'est le choix qu'ont fait les entreprises anglo-saxonnes. Soit l'entreprise préfère passer par des intermédiaires financiers, comme les banques, qui collectent l'argent des épargnants et le prêtent aux entreprises (on parle alors de finance intermédiée) ; c'est la voie qu'ont longtemps suivie les entreprises de pays comme la France, l'Allemagne et le Japon.

Le fait que la France soit plus un pays « de banque » que « de Bourse » n'a pas empêché certaines entreprises françaises de se financer directement sur le marché* boursier (en France mais aussi à l'étranger). Par ailleurs, le libéralisme* économique des années 1980 et la mondialisation* qui l'a accompagné ont considérablement accru le rôle des marchés financiers*, même dans les pays traditionnellement intermédiés. Malgré quelques krachs* boursiers récents (dont le plus important est celui d'octobre 1987), les Français et leurs banques ont découvert le chemin de la Bourse.

**Tout nouveau mais pas tout beau**
**Le Nouveau Marché créé en 1995 doit faciliter le financement des PME « high tech ». Pas de chance : plus de la moitié des entreprises introduites sur ce marché ont vu la valeur de leurs actions baisser depuis.**

## Avantages et inconvénients

Pour procéder à son introduction en Bourse et être cotée*, l'entreprise doit remplir un certain nombre de conditions : examen de son dossier pour accord par la Commission des opérations de Bourse (COB*), capital minimum vendu au public, information donnée aux actionnaires… Elle peut, par la suite, continuer à faire appel au marché pour financer sa croissance. En émettant de nouvelles actions, l'entreprise augmente ses fonds propres*. Mais si l'actionnariat de l'entreprise s'élargit et se disperse trop, le ou les principaux actionnaires majoritaires risquent de perdre son contrôle.

L'entreprise peut être la cible d'une offre publique d'achat (OPA), arme préférée des « raiders » qui tentent de prendre le pouvoir dans une entreprise en rachetant aux multiples petits actionnaires leurs actions à un prix intéressant.

## La hiérarchie des marchés

Il existe cinq marchés d'actions en France. Tout en haut se trouve le Règlement Mensuel (RM) qui regroupe les plus importantes entreprises françaises. La côte des 40 principales sociétés qui y figurent donne chaque jour la tendance de la Bourse (en hausse, en baisse, ou stable) en fonction de l'évolution de leurs actions : c'est le CAC 40. Puis vient le Comptant, marché qui regroupe des entreprises très diverses et qui, étant moins connu d'accès, fait le bonheur des « boursicoteurs ». Le Second Marché a été créé, au début des années 1980, pour financer les grosses PME. En 1995 est apparu le Nouveau Marché, destiné aux petites entreprises de « high tech ». Enfin, subsiste le marché Hors Cote, petit marché non réglementé qui est le carrefour de toutes les illusions et de toutes les « arnaques ».

La Bourse a trouvé droit de cité en France et les banques y ont grandement contribué. Et ce à trois niveaux : d'abord en émettant des actions pour leur propre compte, ensuite en achetant des actions d'autres sociétés, mais surtout en servant d'intermédiaire entre leur clientèle et les entreprises (notamment en créant et en commercialisant des OPCVM – Sicav et FCP – qui, en limitant les risques, ont encouragé les particuliers à investir en Bourse).

*Ci-dessous* : la Bourse de Paris.

Pour trouver de nouvelles sources de profit et de développement, les banques ont investi la Bourse.

# Les marchés dérivés

**Les marchés dérivés permettent à la fois de se protéger contre le risque et de spéculer. De gros profits mais parfois de lourdes pertes.**

## Les origines

Les marchés* dérivés ne datent pas d'hier. Ils ont été créés au XIXe siècle pour aider les négociants de matières premières à se protéger contre les variations de prix. Le premier marché dérivé a ainsi été créé à Alexandrie en 1860 pour faciliter le commerce du coton. Mais, l'informatique aidant, ces marchés couvrent maintenant le monde entier.

## Assurance et loto

Le principe des marchés dérivés est simple: si je fabrique du chocolat, que je sais avoir besoin de 10000 tonnes de cacao dans 3 mois et que je veux être sûr du prix auquel j'achèterai cette matière première, je peux dès aujourd'hui l'acheter à terme. Celui qui va me vendre ce droit d'acheter du cacao dans 3 mois au prix d'aujourd'hui est un spéculateur* qui pense que, entre temps, le prix du cacao va baisser (mais qui prend le risque, en cas de hausse du prix, de payer la différence). Une assurance (pour le fabricant de chocolat) couplée à un billet de loto (pour le spéculateur). Si l'on imagine que des milliers de contrats de ce type sont signés en une journée, c'est une idée assez précise de ce qu'est le marché à terme du cacao. Si l'on ajoute au cacao toutes les autres matières premières, toutes les devises, tous les taux d'intérêt* et toutes les actions on a, alors, une idée de ce que sont les marchés dérivés (dérivés parce que l'objet de l'échange est le «dérivé» d'un bien ou d'un service).

**Le Matif**
**Principal marché dérivé français, il a été créé en 1986. Le Matif est le deuxième marché à terme européen derrière le Liffe londonien.**

## Vite et fort

75000 milliards de francs, soit douze fois le produit intérieur brut* de la France: tel est le montant des échanges annuels sur les marchés dérivés. Ce qui caractérise ces marchés, c'est l'importance des transactions qui y sont effectuées. Ces marchés étant extrêmement «efficients» (l'information circule très vite), les marges* sont très faibles et il faut jouer

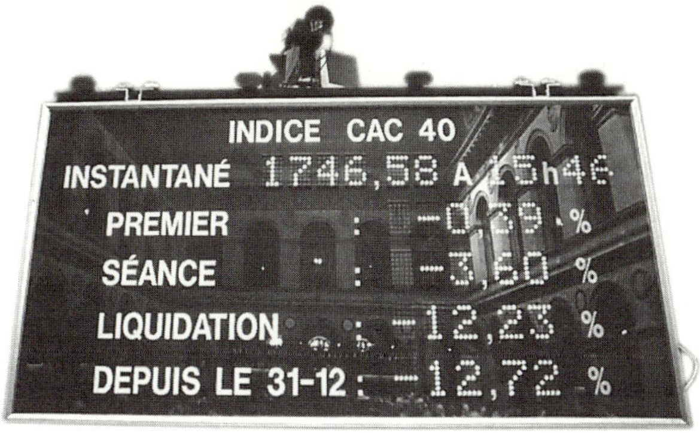


sur des volumes de capitaux* très importants. On peut jouer en déposant seulement 4 à 5% des sommes en cause au moment de l'achat et en s'engageant à payer au terme venu: voilà pourquoi on parle de marchés à «effet de levier». Très gros volumes donc mais aussi très grande nervosité: tous les *golden boys* regardent les mêmes écrans et c'est la rapidité d'exécution qui fait la différence: réagir d'abord, réfléchir ensuite. Rien d'étonnant à ce que ces marchés connaissent des secousses d'une ampleur mais surtout d'une brutalité sans précédent. Les plus grandes faillites de ces dernières années ont pour origine les marchés dérivés.

**Les points de mire**
**En matière d'actions, les principaux indices reflétant le cours des marchés dérivés sont le Dow Jones (New York), le Nikkei (Tokyo), le Footsie (Londres) et le CAC 40 (Paris).**

## Les filets de sécurité

Peut-on se prémunir contre les risques des marchés dérivés? Tout commence par le contrôle interne dans les banques. La surveillance des *golden boys* s'est renforcée (caméras, enregistrement vocal des ordres, contrôle comptable permanent des transactions effectuées). Quant aux autorités de tutelle, elles courent derrière les innovations. L'affaire Barings, en 1995, montre bien toutefois les limites de ces contrôles: un de ses jeunes salariés, basé à Singapour, qui a effectué des transactions désastreuses, a perdu 35 milliards de francs au total, et a ruiné une des plus anciennes banques d'affaires* britanniques.

Les banques jouent aux apprentis sorciers sur les marchés dérivés. Certains économistes (comme le prix Nobel d'économie James Tobin) suggèrent de taxer ces marchés pour les rendre moins spéculatifs. Mais les banques hésitent encore à tuer cette «poule aux œufs d'or».

Les marchés dérivés sont les marchés les plus profitables mais les plus risqués. Frissons garantis.

# Les nouveaux métiers

**Ayant de plus en plus de mal à gagner de l'argent sur leurs métiers de base, les banques se sont diversifiées à la recherche de nouvelles « niches ».**

## Les métiers connexes

Les banques ont considérablement diversifié leurs interventions au cours des années 1970 et 1980. Elles ont commencé par pénétrer les marchés les plus proches de leurs métiers de base. C'est le cas notamment pour le crédit-bail*, forme simplifiée d'accès à la propriété par le biais du crédit. Après avoir développé le crédit-bail mobilier (machines, flotte de camions), elles ont élargi leur activité au crédit-bail immobilier (usines). De même, les banques ont pénétré le marché du «factoring», métier qui consiste à gérer le recouvrement des factures des entreprises. Ces métiers parabancaires étant peu nombreux et soumis à une concurrence intense, très rapidement les banques ont abordé des domaines plus lointains.

**Inventaire à la Prévert**

**Service « voyages », « numismatique », « assurance auto », « chèque essence », « change* manuel »... : que n'inventerait-on pas comme nouveau service pour plaire à ses clients ?**

## La course à l'épargne

Un des principaux mobiles de la diversification des banques a été la course pour le drainage de l'épargne*, ressource peu coûteuse quand il s'agit de l'épargne des particuliers. Dans ce domaine, grâce aux particularités de la fiscalité française, la bagarre s'est portée sur le marché des produits d'assurance vie*. La «bancassurance» est devenue le concept à la mode. Toutes les banques ont voulu avoir une compagnie d'assurances, et toutes les compagnies d'assurances ont voulu avoir une banque. D'où des batailles boursières célèbres, comme celle pour le contrôle du groupe Victoire et des rapprochements parfois surprenants (GAN-CIC, BNP-UAP...). Si cette guerre de position connaît aujourd'hui une pause (faute de combattants), la création prochaine de fonds de pension* devrait donner un second souffle à cette (coûteuse) course à l'épargne longue. Mais si la complémentarité entre la banque et l'assurance n'est, à tout le moins, pas évidente, la diversification des banques dans ce secteur n'a donné lieu à aucune véritable catastrophe. Ce qui n'est pas le cas de toutes les diversifications bancaires.

**Nouveaux horizons**

**Les banques se sont diversifiées avec succès dans le secteur des services informatiques. Grosse consommatrice d'informatique, la banque a tiré parti de son expérience et, de consommatrice, elle est devenue productrice.**

## La course « folle » dans l'immobilier

Financer l'accession au logement, c'est un vrai métier de banquier. Mais financer des promoteurs immobiliers devenus mégalomanes ou, pire encore, entrer directement dans la spéculation* foncière, était-ce bien raisonnable? Bien sûr, il est facile d'avoir raison *a posteriori* et il faut se garder de juger trop sévèrement ce qui peut apparaître aujourd'hui comme un suicide collectif. Il n'empêche: il va falloir désormais payer l'addition au prix d'une crise immobilière sans précédent et peut-être même d'une ou deux faillites bancaires.

Échaudées par leurs dérives immobilières, les banques n'ont aujourd'hui plus qu'un mot à la bouche: le recentrage sur leurs métiers de base. Avec le souhait que les mêmes exagérations ne se reproduiront pas dans cette évolution en sens inverse.

**On ne se refait pas...**

**La « course à l'immobilier » n'est pas la première « course folle » des banques: il y a eu déjà la course au financement des pays en voie de développement dans les années 1970.**

Les métiers traditionnels ne paient plus. Se diversifier, c'est rechercher d'autres manières de gagner de l'argent.

# Concurrence et concentration

**La guerre bancaire fait rage. Guerre des parts de marché notamment. Mais le prix à payer est élevé.**

**La « bancophagie »**
**Les banques cherchent à grossir en achetant d'autres banques. La bataille pour le contrôle du CIC (qui oppose la BNP à la Société Générale, les Caisses d'épargne étant en embuscade) n'est que le plus récent exemple français d'une bataille véritablement mondiale.**

## La fin de l'inflation

Les distorsions de concurrence ne constituent pas le seul défi qu'ont à relever les banques françaises. Ce qui a marqué la fin de l'âge d'or bancaire, c'est d'abord et avant tout la baisse de l'inflation*. Si le bilan de la lutte contre l'inflation est, pour l'économie française, « globalement positif », pour les banques l'addition a été lourde. Habituées à vivre avec des taux d'intérêt* élevés, les banques pouvaient facilement répercuter sur leurs clients toute hausse de leurs coûts de fonctionnement et, en particulier, de leurs coûts salariaux. La baisse de l'inflation signifie la baisse des taux d'intérêt, ce qui a accentué les fragilités de certaines banques.

## Une désintermédiation accélérée

En partie à cause du coût trop élevé du crédit*, en partie à cause d'un mouvement plus général de libéralisation* et de dérégulation*, le marché des banques s'est progressivement rétréci. Les nouveaux produits financiers se sont multipliés tout au long des années 1980. Chaque nouveau produit, en permettant un financement direct des entreprises (par la Bourse*) et des ménages (par le crédit à la consommation*), a érodé la part de marché des banques. On parle alors de désintermédiation, le rôle d'intermédiaire financier que jouent classiquement les banques étant progressivement remis en cause.

**Une fidélité à toute épreuve**

**Il ne faut pas caricaturer la réalité : si la concurrence fait rage dans le secteur bancaire, 80 % des Français déclarent ne jamais avoir changé de banque. Autant de bagarres pour 20 % de clients, le jeu en vaut-il la chandelle ?**

## Une concurrence acharnée

Face à un métier qui «fout le camp», les banques auraient pu réagir en continuant à faire payer cher leurs services et en conservant des marges* confortables. Or il n'en a rien été. Les banques, qui donnent l'impression de constituer un cartel, se concurrencent de manière féroce en tous temps et sur tous les produits.

Le métier de banquier est en effet particulier notamment parce que, contrairement au secteur industriel, il n'existe pas, dans le secteur bancaire, de brevets pour protéger celui qui crée un nouveau produit. Les «barrières» à l'entrée de l'industrie bancaire sont ainsi très faibles et la concurrence est, de ce fait, sauvage. Mais les banques, les françaises notamment, en rajoutent : dès qu'un nouveau produit voit le jour, toutes les banques s'en emparent et, la guerre des prix faisant rage, tuent en quelques mois la prétendue «poule aux œufs d'or».

## Trop de banques ?

Un moindre rôle dans le financement de l'économie, des marges qui se rétrécissent : il n'est pas étonnant que les banques soient de moins en moins rentables. Faut-il en conclure qu'il y a trop de banques en France pour les besoins de l'économie ? Il y a peut-être quelques petites banques encore susceptibles de disparaître. Mais, dans l'état actuel, on ne peut pas parler de véritable «sur-bancarisation». Il n'en serait peut-être plus de même si le réseau de La Poste était autorisé à vendre tous les produits bancaires. La force de frappe commerciale de ce réseau (des guichets dans tous les villages de France) risquerait de déstabiliser un équilibre qui est devenu de plus en plus précaire.

La concurrence bancaire est de plus en plus acharnée, mettant en cause parfois l'existence même de certaines banques.

# Les faillites bancaires

**La multiplication des faillites bancaires dans de nombreux pays a conduit les pouvoirs publics à intervenir pour protéger ce secteur contre lui-même.**

**RMI = revenu minimum d'indemnisation**
**À ce jour, en France, tout client de banque, en cas de faillite de celle-ci, est sûr de récupérer son argent si ses avoirs sont inférieurs à 400 000 francs. Au-delà, c'est l'inconnu…**

## Les risques

Les risques bancaires, nombreux, sont de natures très variées :
– risque de signature : il s'agit du risque d'insolvabilité d'un emprunteur (entreprise, pays ou collectivité locale) ;
– risque d'illiquidité : ce risque est propre au métier de banquier ; il faut toujours pouvoir disposer de suffisamment de liquidités pour faire face aux demandes de retrait des déposants, tout en transformant les dépôts* en prêts à long terme ;
– risque de marché* : ce risque est lié aux fluctuations des taux de change* et des cours de Bourse*, marchés sur lesquels les banques sont de plus en plus présentes.
À ces risques particuliers s'ajoute le risque de système, qui témoigne de l'interdépendance croissante de banques qui se prêtent de plus en plus entre elles. Dans ce contexte, la défaillance d'une banque peut provoquer une crise dans d'autres banques, même si celles-ci sont correctement gérées. On parle alors de l'effet « château de cartes » ou de l'effet « domino ». Mais s'agit-il vraiment d'un jeu ?

HISTOIRE | VUE D'ENSEMBLE | ACTIVITÉS

## La réglementation prudentielle

Face à la multiplication des risques, les craquements au sein du système bancaire mondial se sont multipliés, avec des faillites retentissantes: Herstatt (Allemagne) et Continental Illinois (États-Unis) en 1984, BCCI (Luxembourg) en 1991, Banesto (Espagne) en 1993, Barings (Grande-Bretagne) en 1995. Mais ces accidents spectaculaires s'accompagnent de multiples petits accrocs moins visibles qui ont mis à mal le tissu bancaire de nombreux pays: plusieurs centaines de banques aux États-Unis, quelques dizaines dans chacun des pays développés ont ainsi été rayées de la carte bancaire depuis le milieu des années 1980.

**Le monde est « stone »**

**Selon une enquête effectuée en 1993, seules 45 % des personnes interrogées estimaient que les banques pouvaient faire faillite. En 1995, ce chiffre était passé à 69 %. À noter que seulement 83 % des personnes interrogées trouvaient normal que les banques gagnent de l'argent.**

Face à cette montée des périls, les autorités de tutelle ont adopté des attitudes différentes. La première différence tient au soutien plus ou moins actif qu'ont apporté les Banques centrales* à leur système bancaire: entre les États-Unis qui ont laissé disparaître plusieurs centaines d'établissements entre 1985 et 1990 et la France où l'État est intervenu très activement pour assurer la « sécurité de place » (quinze faillites seulement au cours des vingt dernières années), chaque pays a adopté une attitude plus ou moins « purificatrice ». La seconde différence tient aux modalités de soutien quand soutien il y a. Deux écoles existent dans ce domaine: l'école française qui organise la « sécurité de place » par tous les moyens, et notamment en appelant au secours les autres banques pour renflouer la banque défaillante; l'école anglo-saxonne qui se préoccupe moins du maintien en vie de telle ou telle banque que de la sécurité des déposants et qui fait alors intervenir un mécanisme de garantie des dépôts (qui existe aussi en France mais est moins utilisé). Au-delà de ces interventions d'urgence, il est incontestable que les craquements du système bancaire ont entraîné un mouvement général de « re-régulation bancaire ». Les banques sont à nouveau sous étroite surveillance. Renforcement des pouvoirs des autorités de contrôle et multiplication des critères de sécurité sont les marques de ce retour à la réglementation.

À la suite de faillites trop fréquentes ces dernières années, les banques sont à nouveau surveillées de près par les pouvoirs publics.

# Les fonds propres

**La solidité des banques dépend de leurs fonds propres. Tout est mis en œuvre pour augmenter ceux-ci.**

## Le ratio Cooke

Le plus célèbre des ratios* bancaires est certainement le ratio Cooke, véritable garde-fou de l'activité bancaire moderne. L'idée de base est la suivante: pour qu'une banque puisse faire face à ses engagements, il faut qu'elle dispose du maximum de capitaux* lui appartenant en propre (par opposition aux capitaux qu'elle emprunte). Dans ce domaine, les banques françaises étaient très en retard: alors que le ratio de fonds propres était, en 1990, de 5,2 % au Japon et de 4,5 % aux États-Unis, il était en France de 1,7 %. Il n'empêche: si l'existence de fonds propres n'exclut pas les erreurs (la crise de 1929 l'a montré), elle permet de mieux faire face aux conséquences de celles-ci. La règle sécuritaire en découle tout naturellement: depuis le 1er janvier 1993, toute banque se doit de respecter un ratio « fonds propres-engagements* » de 8 %. Ce ratio a eu (et a toujours) une vertu responsabilisante. Le meilleur moyen de renforcer ses fonds propres c'est de faire des profits. Avant de penser comment prêter plus, il faut désormais réfléchir à qui l'on prête.

***Who is Cooke ?***

**Qui est le mystérieux monsieur Cooke qui fait trembler toutes les banques de la planète ? Tout simplement le haut fonctionnaire de la Banque d'Angleterre qui a présidé le groupe de travail multinational ayant édicté les nouvelles règles en matière de fonds propres.**

## Les joies du « hors-bilan »

Responsabiliser les banques: ce principe est on ne peut plus louable. Mais c'est compter sans l'imagination bancaire. Dès qu'une contrainte nouvelle apparaît, les banques (comme tout agent économique) s'ingénient à trouver des parades afin que la nouvelle contrainte n'entrave pas leur course aux parts de marché. Le ratio Cooke ne s'appliquant pas de manière uniforme à toutes les activités, les banques ont développé des activités pas ou peu

contrôlées. D'où l'explosion de ce que l'on appelle le «hors-bilan*», c'est-à-dire les activités qui ne figurent pas dans le bilan de la banque. Manque de chance: c'est en hors-bilan que figurent les activités sur les marchés* à terme, par nature les plus risquées.

**Les fourches caudines**

**Le ratio Cooke n'est pas le seul. Parmi les ratios bancaires les plus importants, figurent:**
**– le ratio de division des risques (pas plus de 40% des fonds propres prêtés à un même client);**
**– le ratio de liquidité (pas plus de dettes à court terme pour les banques que de liquidités permettant d'y faire face).**

## L'art du « *window dressing* »

D'une manière générale, le renforcement des contrôles s'est accompagné d'un développement du «*window dressing*», c'est-à-dire de l'«habillage de bilan». Alors qu'auparavant le «*window dressing*» visait à gonfler le bilan pour paraître en bonne santé, depuis 1992, les règles du jeu ont été inversées. Si les capitaux propres augmentent en même temps que les crédits consentis diminuent, cela permet de respecter le ratio Cooke plus facilement. Pour gonfler les capitaux propres on peut soit prendre des participations* croisées (une banque participe au capital d'une autre en l'augmentant, et vice versa), soit réévaluer ses actifs (recalculer le montant de ses biens et créances). Du côté des crédits, la défaisance (on se «défait» de certains crédits) est le maître mot de la «course au Cooke».

Si ces techniques sont parfaitement légales, elles n'en obscurcissent pas moins la lisibilité des comptes bancaires. Les banques, même au prix de risques accrus, ne peuvent s'empêcher de jouer «au chat et à la souris» avec la réglementation.

Plus les banques ont de fonds propres, mieux elles peuvent faire face à certains risques.

# Tarifs en solde

**Une juste tarification des services est, sur tous les marchés, source d'efficacité. Dans ce domaine, les banques ont beaucoup de progrès à faire.**

**Équation très simple**

**Un petit calcul : si l'on faisait payer les chèques 2 francs pièce et que l'on rémunérait les dépôts à vue à 1 %, on ne changerait rien à l'équilibre d'exploitation des banques et l'on se rapprocherait significativement de la vérité des prix.**

## L'équilibre de départ

L'État français a toujours voulu encourager l'épargne* à long terme, synonyme, dans son esprit, d'investissement et donc d'emploi. Pour ne pas favoriser l'épargne « courte », il a ainsi interdit la rémunération des dépôts* à vue (paiement d'intérêt* sur le montant des sommes déposées sur un compte courant). À l'inverse de ce qu'ont fait tous les autres pays développés sauf… la Nouvelle-Zélande et la Grèce. Mais, en échange, il a été « offert » aux Français la gratuité du chèque. Or, le coût de traitement d'un chèque pour une banque représente environ 3 francs, alors que pour le client, qu'il émette un ou cent chèques par mois, c'est gratuit. Comme ceux qui émettent le plus grand nombre de chèques ne sont pas nécessairement ceux qui détiennent le plus de dépôts, cette situation apparaît injuste et déresponsabilisante.

## Le vice des jours de valeur

L'incohérence des tarifs ne s'arrête pas là. Pour équilibrer gains et pertes pour chacun, les banques ont inventé les jours de valeur. Les jours de valeur sont les jours qui séparent le moment où l'argent qui est dû arrive à la banque et le moment où il est crédité sur le compte du

client. Plus ce délai est long, plus la banque gagne de l'argent en faisant « travailler » toutes ces petites sommes. Les jours de valeur, qui représentent plus de 10 milliards de francs, avaient un sens à l'époque où les chèques étaient traités manuellement.
À l'heure de la monnaie électronique, plus rien ne justifie que l'argent circule encore à la vitesse de la diligence (3 ou 4 jours pour un chèque émis à Paris et crédité à Lyon par exemple).

**La gratuité coûte cher**

**Les chèques étant gratuits, il n'y a rien d'étonnant à ce que les banques françaises soient celles dont la rentabilité* repose le plus sur le prix du crédit. Qu'on ne s'étonne pas qu'elles soient plus chères et plus fragiles que leurs concurrentes.**

## La vente à perte

Juste un chiffre pour donner une idée de l'ampleur des dégâts: la gestion des moyens de paiement représente 35 % des frais généraux des banques contre 9 % à peine des produits bancaires. Gratuité du chèque en échange de la non rémunération des dépôts et du maintien des jours de valeur, le système est doublement pervers: d'abord, il favorise l'irresponsabilité (on est presque poussé à faire des petits chèques) mais surtout il crée une incroyable opacité tarifaire (on ne sait plus très bien qui gagne et qui perd à ce petit jeu). Pire: les chèques étant gratuits alors qu'ils sont coûteux à traiter, on favorise le moyen de paiement le plus archaïque par rapport, notamment, aux moyens de paiement électroniques.
Ce vice de départ de la tarification des moyens de paiement se propage à tous les autres services bancaires. Dès qu'une banque invente un nouveau service, la concurrence est si vive que, en quelques semaines, les autres banques vendent le même service mais à un prix tel que celui-ci n'est plus rentable. Il ne faut pas s'étonner que de nombreuses banques n'affichent plus de bénéfices en fin d'année.

Les incohérences du système tarifaire des banques françaises le rendent injuste et mettent en question son efficacité.

## La solution

La solution ? Il n'y a pas de solution miracle. Deux voies sont toutefois à explorer. D'abord une meilleure connaissance de leurs coûts par les banques: qui connaît bien ses coûts maîtrise mieux ses charges. Ensuite un retour progressif à la normale: faire payer les gros émetteurs de chèques, rémunérer (faiblement) les dépôts et faire disparaître les jours de valeur.

# La technologie

**Les banques ont très tôt utilisé l'informatique pour gérer les moyens de paiement. Le système de paiement français, longtemps dominé par le chèque, évolue très vite vers la monnaie sans papier.**

**Feuille volante**

**Pour faire un chèque, pas besoin de chéquier. Faire un chèque sur tout support (même une nappe en papier ou un ticket de métro) est parfaitement légal dès lors que figurent les termes exacts reproduits sur un chèque imprimé. Mais attention à la réaction de votre banquier si vous faites ce « gag » trop souvent.**

**Les hypers banquiers ?**

**Les grands distributeurs (Carrefour, Auchan...) émettent aussi des cartes qui permettent le paiement différé. Les taux d'intérêt* de ces crédits* étant très élevés, ce service est, pour les grandes surfaces, de plus en plus rémunérateur.**

## Le système de paiement français

Contrairement à d'autres pays qui utilisent davantage la carte de paiement (États-Unis) ou les billets (Japon), la France est, malheureusement pour elle, championne du monde en matière de chèques : 50 % des paiements se font, en France, par chèque (contre 8 % en Allemagne par exemple). 5 milliards de chèques émis par an.

C'est beaucoup. C'est trop. En comparaison, les moyens de paiement électroniques comme les avis de prélèvement (EDF par exemple) ou les titres universels de paiement (TUP) sont très faiblement développés. Alors même qu'ils sont plus efficaces et moins coûteux. La gestion des moyens de paiement représente 40 % des charges des banques alors que leur facturation ne représente que 6,5 % de leurs revenus.

## La carte de paiement

Le système de paiement français n'est pourtant pas si mauvais. La technologie française est même, dans ce domaine, l'une des meilleures du monde. La carte de paiement est apparue en France avec retard, mais alors qu'aux États-Unis les cartes de paiement sont presque toutes manuelles (le système du « fer à repasser »), en France le paiement par carte est presque toujours électronique. Mieux : la carte à mémoire, qui consiste à stocker toute l'information dans une « puce », ce qui rend la sécurité de la transaction presque parfaite, est l'invention d'un ingénieur français. De plus, les distributeurs automatiques de billets (DAB) sont, en France, tous compatibles entre eux ; quelle que soit sa banque on peut retirer de l'argent dans les 23 000 DAB installés en France, alors que dans les autres pays, chaque client n'a accès qu'aux DAB de sa propre banque.

**La carte gigogne**
**Les cartes bancaires offrent quatre niveaux de services : les cartes de retrait, les cartes de paiement nationales (retrait + paiement), les cartes de paiement internationales et les cartes de prestige (services divers en plus).**

## Nouvelles techniques, nouveaux produits

La banque est une industrie de l'information. L'internationalisation des opérations et l'explosion des marchés financiers* ont considérablement amplifié cette réalité. Rien d'étonnant à ce que l'informatique ait fait irruption très tôt dans ce secteur et continue à y jouer un rôle essentiel. Les banques sont les premiers clients de l'industrie informatique et certaines ont créé leur propre société de service informatique. C'est dans le secteur bancaire que la mini, puis la micro-informatique ont fait leurs premiers pas et que les premiers réseaux (la banque est une industrie à points de vente décentralisés) ont été mis en place.

Aujourd'hui, on est parvenu à la banque « sans papier ». Ainsi les entreprises peuvent disposer de terminaux leur assurant un contact permanent avec leurs comptes. Les particuliers aussi peuvent bénéficier de la banque à domicile grâce à leur Minitel. Mais qui dit informatique dit gains de productivité. Avec des conséquences sur l'emploi et des diminutions d'effectifs partout.

La banque est un secteur à fort contenu technologique. Les opérations bancaires sont traitées de plus en plus de manière automatisée.

# Sécurité et secret bancaire

**Fraudes et fraudeurs ont toujours existé. La sophistication dans ce domaine est croissante. D'où une vigilance et des contrôles qui se renforcent.**

**Faux jeton**
**La Banque de France estime à 1 sur 15 000 le nombre de faux billets français en circulation. Les mieux imités sont ceux fabriqués en Iran et introduits en Occident par les « nouveaux riches » russes.**

## Métiers à risques

Banque, risque, secret, sécurité, sont des mots qui sont souvent associés. C'est normal: les masses considérables de capitaux* que brassent les banques suscitent des convoitises et nécessitent toutes les prudences. À ce niveau, la banque est également un métier à risques: le nombre des hold-up s'est stabilisé, mais les techniques, là aussi, se sont sophistiquées.

## Les fraudes

Le risque bancaire n'est pas que physique. Le métier de banquier est d'assurer la bonne fin d'opérations financières en respectant la loi. Mais avec la sophistication croissante des technologies informatiques et la complexité incessante de la réglementation, l'industrie de la fraude s'est considérablement diversifiée au cours des dix dernières

*Ci-dessous*: **le siège du Crédit suisse à Genève.**

années. Cela va de l'employé indélicat qui prélève informatiquement quelques centimes sur des milliers de comptes, au recyclage de l'argent de la Mafia. Face à la fertilité de l'imagination des fraudeurs, il faut tout contrôler, tout vérifier. Rien d'étonnant à ce que les banques paraissent parfois méfiantes.

## Les paradis fiscaux

Il faut distinguer les fraudes criminelles (hold-up, recyclage de l'argent de la drogue, chéquiers volés, fausses cartes ou… faux bilans*) des fraudes « légales ». Un sport mondialement pratiqué est l'évasion fiscale. Comment jouer sur les imperfections du code des Impôts de chaque pays pour éviter, en toute légalité, de payer les taxes que s'ingénient à créer les États? Pour cela, il existe mille astuces. Certains pays se sont fait une spécialité de l'assistance à ce type de fraudeurs. On appelle cela des « paradis fiscaux ». En faisant payer très peu d'impôts, ils attirent des capitaux qui, autrement, seraient allés ailleurs. En protégeant le secret sur la nature de l'argent qui est déposé chez eux, ils tranquillisent les fraudeurs, par nature peu soucieux de publicité. Les îles Caïmans, la Barbade mais aussi le Luxembourg et la Suisse ont bâti leur réputation (et donc leur fortune) en vendant leur silence.

## L'argent de la drogue

S'il est difficile d'empêcher les gens de payer le moins d'impôts possible dès lors que cela est fait légalement, il est un domaine où le secret bancaire a été remis en cause depuis quelques années: c'est celui de l'argent « sale ».
Les mafieux de tous les pays ont besoin des banques pour recycler l'argent gagné de manière criminelle. La vigilance des banques sur ces capitaux a été très sérieusement renforcée depuis quelques années par la création du Groupe d'action financière* (GAFI). Cet organisme international a pour mission de traquer et de mettre un terme à tous les flux financiers d'origine criminelle. Les banques sont ainsi obligées depuis 1990 de déclarer au GAFI toute somme suspecte déposée sur leurs comptes. Les paradis fiscaux et les circuits parallèles existent (et existeront) toujours, mais leur accès est aujourd'hui mieux contrôlé.

***Drug connection***
**Le chiffre d'affaires de la drogue induit des flux financiers qui peuvent être estimés à 1600 milliards de francs, soit plus que le budget de la France.**

**Blanc mais pas bleu**
**Un exemple de blanchiment: dans un pays, un trafiquant dépose un chèque remis par un casino qu'il échange contre de l'argent. Avec cet argent, il achète un appartement dans ce pays. L'argent sale est ainsi, par miracle, blanchi.**

> Entre les fraudes « légales » et les fraudes tout court, la vigilance bancaire est soumise à rude épreuve.

# L'emploi

**La banque est une industrie de main-d'œuvre. Les gros bataillons embauchés pour effectuer des tâches administratives simples doivent s'adapter à la modernisation des opérations.**

**Constat**

**Par rapport aux autres secteurs, la situation des salariés des banques peut paraître enviable : moins d'intérim, moins de temps partiel, moins de chômage, moins de mobilité géographique.**

## Le poids de l'histoire

On est ce que l'on se fait. La banque moderne, principal pilier du financement de l'économie française, est de création récente. Elle date de la fin des années 1960 avec les réformes Debré. À cette époque, au fur et à mesure de leur développement, les banques ont embauché : de 1967 à 1975, les effectifs de la profession bancaire sont passés de 200000 à 340000 salariés. Un quasi-doublement en moins de 10 ans. Comme, à l'époque, les produits bancaires étaient peu nombreux et simples, les embauches ont été faites à des niveaux de qualification très faibles (bac - 2 pour la plupart). De gros bataillons à faible niveau de culture générale, alors que la banque allait devenir une industrie à haute valeur ajoutée.

**À guichets fermés**

**60 % des Français (72 % des jeunes) jugent anormale la législation actuelle sur l'ouverture des banques (fermeture du week-end).**

## Les difficultés d'adaptation

Les années 1980 ont été le témoin d'une multiplication des produits bancaires, chaque produit nouveau étant plus sophistiqué que ceux qui l'avaient précédé. Par ailleurs, l'informatique a pénétré tous les recoins de l'industrie bancaire, permettant de faire mieux et plus vite ce qui auparavant était traité manuellement. Pour gérer cette contradiction (une main-d'œuvre faiblement qualifiée et trop nombreuse pour fabriquer et vendre des produits de plus en plus dématérialisés et de plus en plus complexes), les banques ont mis en œuvre deux stratégies : elles ont entamé une lente décrue de leurs effectifs mais surtout elles ont consacré d'importants efforts à la formation (4 % de la masse salariale dans le secteur bancaire contre 2 % en moyenne dans l'industrie française). Mais cela ne suffit pas : les effectifs bancaires sont, aujourd'hui, trop nombreux, mais surtout, mal adaptés.

Il est à craindre que des ajustements douloureux soient encore à venir.

## Les conditions de travail

Les problèmes sociaux dans le secteur bancaire ne sont pas que quantitatifs. Ils sont aussi et surtout qualitatifs. La profession bancaire s'est développée à l'abri d'une réglementation sociale spécifique qui reste, dans l'économie française, une des plus protectrices. Les décrets de 1937, qui réglementent les conditions de travail dans la profession, sont mal adaptés aux exigences du monde moderne. Le cas le plus typique est celui des horaires d'ouverture. En caricaturant à peine, on peut dire que, à l'exception des banques mutualistes qui disposent d'un statut spécifique, les banques ne sont ouvertes que lorsque les clients ne peuvent pas y aller ! D'où le développement de la banque à domicile qui accroît encore les problèmes d'emploi. Pour rompre ce cercle vicieux, il faut probablement remettre à plat l'ensemble des particularismes sociaux de la profession et trouver un consensus sur les réformes permettant de rendre les banques plus compétitives et donc, à terme, plus créatrices d'emplois. Ce nouveau « contrat social » passera probablement par des licenciements et la remise en cause de nombreux privilèges. Un lourd prix à payer pour que la banque ne soit pas marginalisée dans le financement de l'économie française.

**Des effectifs importants et des salariés pas toujours adaptés aux métiers de demain posent de graves problèmes sociaux aux banques.**

# Les autres systèmes bancaires (1)

**Chaque pays a ses spécificités bancaires.**

**Dans certains pays, les banques jouent un rôle marginal par rapport à la Bourse*, dans d'autres, au contraire, elles sont omniprésentes.**

## Les banques anglaises : la spécialisation

Les banques anglaises ont dominé le monde au XIXe siècle. Une réglementation bancaire très précoce (Le *Peel Act* de 1844), un commerce colonial florissant et une monnaie solide sont les trois piliers de la banque britannique à cette époque. Le système bancaire anglais est concentré mais surtout spécialisé : *merchant banks* (banques d'affaires*) et *commercial banks* (banques de dépôt*) ne se concurrencent pratiquement pas entre elles. L'Angleterre est le seul pays au monde qui a fait des métiers financiers une industrie à part entière, concentrée dans la *City* de Londres, et qui a attiré les capitaux du monde entier (alors même que l'industrie anglaise connaît une crise sans précédent). D'où une place très importante occupée par les banques étrangères à Londres (près de 500 y sont directement ou indirectement représentées).

Néanmoins, le système bancaire anglais est soumis aux fluctuations des marchés financiers* (et aussi immobilier) et connaît aujourd'hui des difficultés qui se traduisent par une accentuation de la concentration (au profit des banques étrangères qui rachètent à bas prix les principales banques britanniques et au détriment de l'emploi : - 25 % des effectifs depuis 1990).

**Tchernobyl**

**Pour garder leur *leadership* financier, les Anglais ont entamé, en 1986, une réforme très profonde de leur marché financier qu'ils ont appelé le *Big Bang*. Ils ne croyaient pas si bien dire : presque toutes les banques anglaises ont licencié et un certain nombre d'entre elles ont été soit rachetées (généralement par des banques étrangères), soit mises en liquidation.**

## Les banques américaines : l'éclatement

Contrairement à ce que l'on pense, le système bancaire américain est hyper-réglementé et résolument archaïque. L'hyper-réglementation, c'est le fruit de la crise de 1929, qui a entraîné plus de 10000 faillites bancaires. Depuis, le métier de banquier est, aux États-Unis, très spécialisé. Les métiers de la banque sont cloisonnés (on est soit banque d'affaires, soit banque commerciale, jamais les deux) mais les marchés le sont aussi : à Chicago une banque aussi grande soit-elle (la Continental Illinois figure parmi les 50 premières banques mondiales) n'a le droit qu'à une seule agence ; on comprend mieux le gigantisme des immeubles de Chicago. Cette sur-réglementation s'accompagne d'un archaïsme qui a peu d'équivalent dans le monde. Le système bancaire américain est ainsi encore aujourd'hui composé de 12000 banques dont plus des trois quarts n'ont pas une taille suffisante pour faire face aux mutations technologiques.

La fragilisation du système bancaire américain s'explique aussi par la multiplication des *near banks* (des « presque-banques ») qui se sont spécialisées dans la gestion des moyens de paiement (Visa, Mastercard) ou des valeurs mobilières (Merril Lynch). Les résultats de cette concurrence ne se sont pas fait attendre. Ce sont plusieurs centaines de banques qui ont été contraintes à la faillite au cours des dernières années aux États-Unis.

**Le désert américain**

**Les États-Unis, malgré leurs 12 000 banques, détiennent le record en matière de désert bancaire : 314 guichets pour 1 million d'habitants. En comparaison, la France se situe en milieu de peloton (439 guichets), le record de densité étant détenu par l'Espagne (893 guichets).**

Les banques du monde entier sont en crise. De nombreuses banques anglo-saxonnes souffrent de leur rôle marginal par rapport aux marchés financiers.

**La *City* de Londres.**

# Les autres systèmes bancaires (2)

**Il est des pays où les banques jouent un rôle crucial dans le financement de l'économie. Dans ces pays « d'intermédiation », les banques souffrent de la crise que connaissent leurs clients.**

## Les banques allemandes : la *Hausbank*

Le système bancaire allemand est dual. Il est composé d'un réseau de banques coopératives (*Raiffeissen Kassen*) et de Caisses d'épargne à vocation principalement régionale et d'un réseau de très grandes banques à vocation nationale et internationale. Alors que le premier réseau se concentre sur les particuliers, le second se concentre sur les entreprises. Les banques étrangères ont beaucoup de mal à se positionner face à ce duopole et elles sont donc peu nombreuses dans ce pays. La Bourse* allemande étant très peu développée, le système bancaire occupe une place essentielle dans le financement de l'économie.

Pour une entreprise, le modèle de la banque allemande est celui de la *Hausbank*, la « banque-maison ». La banque allemande est une banque à tout faire, à la disposition

Les tours jumelles de la *Deutsche Bank* à Francfort.

**Méditerranée...**

**Les trois pays du sud de l'Europe (Italie, Espagne et Portugal) ont des structures bancaires très comparables : une très forte concentration, une concurrence toute relative, une faible présence des banques étrangères et donc, malgré quelques difficultés (Banco di Napoli en Italie et Banesto en Espagne), une très forte rentabilité*.**

de son client pour l'accompagner dans tous les aspects de son développement. La banque allemande est généralement un actionnaire important de son client (ce qui est strictement interdit aux États-Unis par exemple). Mais qui dit proximité entre la banque et sa clientèle d'entreprises dit répercussion des difficultés de l'une sur l'autre. Les banques allemandes vivent aujourd'hui la crise de l'industrie allemande (secouée entre autres par les coûts de la réunification). Quand Volkswagen s'enrhume, la *Deutsche Bank* éternue...

## Les banques japonaises : un système concentré

Le système bancaire japonais s'est construit sur les débris d'une féodalité militaire. L'ère Meiji (à partir de 1868) fait du *zaïbatsu*, conglomérat industriel et bancaire, équivalent moderne du fief féodal, le fer de lance de l'industrialisation japonaise. Le système financier japonais est extrêmement concentré : trois *zaïbatsus* (Mitsui, Mitsubishi et Sumitomo) dominent ainsi le paysage. Les banques japonaises, spécialisées par types de clientèle, font tous les métiers. L'imbrication entre les banques et les entreprises industrielles est très étroite. Rien d'étonnant à ce que parfois, dans des groupes financiers aussi tentaculaires, un maillon cède, entraînant à la catastrophe tout l'édifice : cela a été le cas récemment avec les spéculations* hasardeuses réalisées sur le cuivre par une petite filiale de Sumitomo.

À travers ce rapide tour du monde, on le voit bien : il n'existe pas de modèle bancaire ; chaque pays a ses particularismes et sa forme spécifique de crise.

**La revanche des Bataves**

**Les banques hollandaises, jadis très puissantes, sont en train de faire un retour fracassant. Le rachat par ING de la prestigieuse banque d'affaires* britannique Barings et l'OPA de 10 milliards de francs lancée sur une des plus importantes Caisses d'épargne du Midwest américain par ABN-AMRO en sont les symboles.**

Dans les pays où les banques sont très proches de leurs clients, les difficultés de ceux-ci se répercutent sur leur santé.

# Internationalisation et mondialisation

**La banque a, presque de tous temps, été internationale.**

**Le resserrement des marges dans leur pays et l'explosion des Bourses* ont poussé les banques à franchir une nouvelle étape.**

## Retour à la case départ

Le mouvement de mondialisation* que connaît l'économie aujourd'hui n'est pas une nouveauté. Au Moyen Âge déjà, la banque était internationale et les bureaux des Médicis ou des Fugger existaient dans de nombreux pays. C'est, en fait, les XIXe et XXe siècles qui ont vu les banques donner la priorité à la conquête du territoire national (sans pour cela sacrifier l'expansion internationale, devenue la spécialité de certaines banques d'affaires* notamment). Retour donc à la case départ.

## L'internationalisation des banques

Tous les systèmes bancaires ont accentué, au cours des années 1980, une internationalisation engagée à partir des années 1970. Pour au moins une bonne raison: pénalisées par une concurrence accrue sur leur marché national, les banques ont découvert que c'était à l'étranger qu'on pouvait gagner de l'argent. Le volume des prêts bancaires internationaux est ainsi passé de 1300 milliards de francs en 1975 à 22500 milliards de francs aujourd'hui. C'est le système bancaire japonais qui, dans les années 1980, a connu l'internationalisation la plus rapide, basée sur le formidable excédent d'épargne* constitué dans le cadre de la «guerre industrielle». Parmi les pays qui ont accueilli ces banques figurent, certes, les États-Unis et l'Europe, mais également les pays en voie de développement, rebaptisés «pays émergents» pour l'occasion. Ces pays, au premier rang desquels figurent les pays du Sud-Est asiatique et certains pays d'Amérique latine, ont cumulé, en effet, deux particularismes très attirants pour les banques multinationales: des systèmes bancaires locaux relativement archaïques mais une compétitivité industrielle (faible coût de la main-d'œuvre aidant) à nulle autre pareille. Que demander de mieux? Ce sont plus de 1 000 milliards de francs qui se sont ainsi investis depuis 1986 dans ces nouveaux «eldorados».

## La mondialisation des marchés

Ce qui, d'un certain point de vue, est nouveau, c'est le contexte dans lequel se déroule cette nouvelle phase d'expansionnisme international. Le libéralisme* triomphant des années 1980 a provoqué l'explosion des marchés financiers*. Ceux-ci se sont développés mais, surtout, ils se sont interconnectés. Un battement de cil du président du Bureau de réserve fédérale de New York (Banque centrale*) provoque, diffusion instantanée de l'information oblige, des soubresauts à Séoul.

**Les 20 premières banques mondiales**

Décembre 1994 *(en milliards de francs)*

*Classées selon le montant de leurs fonds propres**

| | |
|---|---|
| 1 | HSBC Holdings 112 (Grande-Bretagne) |
| 2 | Crédit agricole 106 (France) |
| 3 | Union de banques suisses 103 (Suisse) |
| 4 | Citicorp 100 (États-Unis) |
| 5 | Dai-ichi Kangyo Bank 99 (Japon) |
| 6 | Deutsche Bank 98 (Allemagne) |
| 7 | Sumitomo Bank 97 (Japon) |
| 8 | Sanwa Bank 92 (Japon) |
| 9 | Mitsubishi Bank 87 (Japon) |
| 10 | Sakura Bank 82 (Japon) |
| 11 | Fuji Bank 80 (Japon) |
| 12 | BankAmerica Corp 77 (États-Unis) |
| 13 | Crédit suisse 71 (Suisse) |
| 14 | ABN-Amro Bank 69 (Pays-Bas) |
| 15 | Groupe Caisses d'épargne 62 (France) |
| 16 | Industrial Bank of Japan 61 (Japon) |
| 17 | Société de banques suisses 60 (Suisse) |
| 18 | National Westminster Bank 59 (Grande-Bretagne) |
| 19 | Banque nationale de Paris 59 (France) |
| 20 | Chemical Bank Corp 59 (États-Unis) |

*Les fonds propres représentent les capitaux et réserves appartenant à la banque.*
*Source : "The Banker"*

*Infographie F. Le Moël*

Les flux financiers sont plus importants mais surtout c'est leur débit qui s'est accéléré. Il ne reste plus qu'à essayer de canaliser ces crues financières.

**Montagnes russes**

**La Bourse turque a monté de plus de 200% en 1993. Celle de Taïwan a réalisé les mêmes performances en 1994. Mais celle de Mexico a chuté de 99,4% la même année.**

**Instantané**

***« Un dixième de seconde, c'est le temps qu'il faut pour qu'une information concernant la politique monétaire américaine soit ressentie par la Bourse de Singapour. »***
**Un *golden boy* anonyme.**

Avec la mondialisation des échanges est venue la mondialisation des banques. Avec tous les risques qui s'y attachent.

# Les banques françaises à l'étranger

**La France dispose du deuxième réseau bancaire international. Ce titre de gloire n'empêche pas d'indispensables adaptations.**

## Une vieille tradition

Les banques françaises ont, de tous temps, été très internationalisées. Cela s'explique par le passé colonial de notre pays. Un certain nombre de banques françaises avaient ainsi plus d'agences à l'étranger qu'en métropole. Même une petite banque comme la Société marseillaise de crédit «régnait» dans les colonies d'Afrique du Nord alors qu'elle avait de la peine à faire sa place en France. D'où de graves problèmes d'adaptation au moment de l'indépendance de ces pays.

Mais cela s'explique aussi par le caractère très réglementé qu'avait, jusqu'aux années 1980, l'activité bancaire domestique. Contraintes chez elles, menacées en terme de rentabilité* sur leur propre marché, les banques françaises ont choisi, plus tôt que les autres, d'aller se développer ailleurs.

**Les 10 premières banques françaises**
**Décembre 1995**
***Classées selon le montant de leurs fonds propres* (en milliards de francs)***

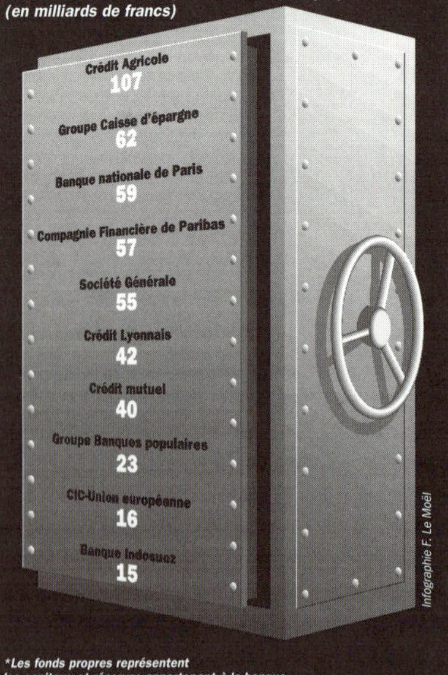


**Les fonds propres représentent les capitaux et réserves appartenant à la banque*
*Source : AFB (données IBOA - BankScope)*

**L'Union bancaire européenne**

**Les banques françaises sont bien implantées en Europe. Sur 414 succursales et filiales, les marchés les mieux couverts sont le Royaume-Uni (87 implantations), l'Espagne (73) et l'Allemagne (66).**

## Quelques chiffres

Le réseau bancaire international des banques françaises est le deuxième au monde après celui des États-Unis. Quelques chiffres:
– les banques françaises sont implantées dans 124 pays;
– l'international représente plus du tiers des bénéfices des banques françaises (plus de la moitié pour certaines banques);
– les prêts sur l'étranger constituent près de 35% du total des crédits consentis, ce qui place la France au rang de 4e prêteur mondial. Le total des créances des banques françaises sur l'étranger représente plus de 4000 milliards de francs (plus de la moitié du produit national brut* français).

## Les dangers

Si l'activité bancaire internationale est rentable, elle n'est pas sans risques. C'est presque toujours de filiales à l'étranger que sont venus les problèmes qui ont coûté la vie, ces dernières années, à certaines banques parmi les plus prestigieuses (Barings, BCCI, Sumitomo...). Les banques françaises ne font pas exception: c'est de sa filiale hollandaise (lourdement engagée dans le secteur cinématographique... américain) que sont venus les premiers problèmes du Crédit Lyonnais. Vigilance donc. L'activité internationale n'est pas un long fleuve tranquille...
Le second défi qu'ont à relever les banques françaises à l'étranger concerne l'équilibrage géographique. Passé colonial oblige, les banques françaises sont trop présentes en Afrique et insuffisamment en Asie du Sud-Est, zone à fort potentiel de croissance. Un réseau bancaire international, cela ne se remodèle pas en quelques mois. Il faudra donc encore plusieurs années pour que le réseau bancaire français à l'étranger «colle» à la réalité économique du XXIe siècle.
De nombreux problèmes restent ainsi à résoudre. Il n'en reste pas moins vrai que, non seulement les banques françaises n'ont pas à rougir de leur réseau international, mais elles semblent réussir mieux à Kuala Lumpur qu'à Pézenas.
Serait-ce seulement une question de climat?

**World (French) Company**

**Les banques françaises détenaient, en 1994, 1362 milliards de francs de créances privées sur l'étranger. Les marchés de prédilection sont les pays industrialisés (818 milliards de francs, en forte hausse), l'Asie (255 milliards de francs, en forte hausse mais encore en retard par rapport au potentiel de croissance de cette zone) et l'Afrique (100 milliards de francs, en baisse).**

Les banques françaises ont, de tous temps, été bien implantées dans les colonies. Une réorientation vers les marchés du XXIe siècle (Asie du Sud-Est notamment) est la clé pour l'avenir.

# L'Europe et la monnaie unique

**Les banques françaises se préparent à l'Union économique et monétaire européenne. Que d'investissements et d'efforts en perspective...**

## Maastricht

La réalisation de l'Union économique et monétaire (UEM) des 15 pays de l'Union européenne, consacrée par le traité de Maastricht (7 février 1992) se décompose en trois étapes :

– la première, engagée le 1er juillet 1990, a consacré la liberté des mouvements de capitaux* et la convergence des politiques économiques des États membres ;

– la deuxième, qui a débuté en janvier 1994, a vu la mise en place de politiques économiques et budgétaires coordonnées ;

– la troisième étape, celle de l'entrée en vigueur de l'Union monétaire en tant que telle, a démarré le 1er janvier 1997. L'UEM sera effective au 1er janvier 1999 dans les États membres satisfaisant aux critères de Maastricht. L'euro deviendra alors la monnaie unique, le maintien de sa valeur étant assurée par la future Banque centrale* européenne.

## Les conséquences

La mise en place de l'UEM s'accompagne de l'élaboration de directives européennes visant à harmoniser les réglementations des États membres. L'UEM se paie au prix d'une normalisation qui, si elle est indispensable, n'en oblige pas moins à des sacrifices en matière de souveraineté nationale (sur la politique monétaire notamment).

Dans le domaine bancaire, toute une série de directives concerne l'harmonisation des systèmes de garantie des dépôts* et de protection des déposants. Une deuxième série vise à harmoniser les règles touchant à la publicité comparative, à la protection des personnes à l'égard du traitement des données à caractère personnel et aux clauses

**Ignorants**
**6 % des Français interrogés lors d'un récent sondage ont déclaré ne pas savoir que l'Europe aura prochainement une monnaie unique.**

abusives dans les contrats. La troisième série, de loin la plus importante, vise les modalités de généralisation de la «libre prestation de services» (LPS): toute entreprise d'un pays membre (y compris une entreprise bancaire) doit avoir accès aux autres marchés européens sans aucune discrimination de quelque nature que ce soit. C'est là où la défense des spécificités nationales (source d'avantages comparatifs face aux concurrents étrangers) conduit aux révisions les plus déchrantes et donc aux discussions les plus longues.

**L'euro**
**Actuellement, 1 euro vaut environ 6,60 francs. Le 1er juillet 2002, si tout se passe comme prévu, le franc aura définitivement disparu.**

## L'euro et les banques

Mais l'incidence la plus concrète de l'UEM pour le consommateur sera sûrement la mise en place de l'euro dès l'an 2000. C'est-à-dire demain. Celle-ci permettra notamment de supprimer les frais de change* et les complications inhérentes aux transferts de devises. Si les billets en euros devraient être rapidement disponibles, les pièces, elles, cohabiteront pendant plusieurs années avec les monnaies nationales.

Même si les récentes turbulences monétaires provoquent un certain scepticisme quant au respect de l'échéancier de l'UEM, les banques doivent d'ores et déjà se préparer au passage à la monnaie unique. Ceci les obligera à de colossaux investissements en matière d'informatique, de formation de leur personnel et d'information de leurs clients. Cet effort sera encore plus lourd si la coexistence entre une monnaie unique et la monnaie nationale dure plus longtemps que prévu. Une étude récente a chiffré à plus de 56 milliards de francs le coût, pour les banques françaises, du passage à la monnaie unique. Le choix européen est irréversible. Reste maintenant à en gérer les conséquences.

L'Union économique et monétaire se profile à l'horizon. Indispensable, elle va être à l'origine de grands changements.

# Glossaire

**Action :** valeur mobilière échangée en Bourse qui représente la propriété d'une partie du capital d'une entreprise (et peut rapporter une partie des bénéfices de celle-ci que l'on appelle le dividende).

**Affacturage :** gestion par un organisme financier des créances d'une société.

**Assurance vie :** contrat conclu pour une certaine durée et garantissant les bénéficiaires d'un capital en cas de décès d'une personne assurée. Si cette personne est encore en vie à la fin du contrat, c'est elle qui recevra un capital ou une rente. L'assurance vie permet donc d'épargner.

**Banalisation :** libéralisation réglementaire qui permet à toutes les banques de faire tous les métiers, mettant ainsi un terme à la spécialisation bancaire.

**Banques AFB :** l'ensemble des banques commerciales exerçant en France (adhérentes à l'Association française des banques) à l'exclusion des réseaux mutualistes ou coopératifs ainsi que des Caisses d'épargne.

**Banque d'affaires :** banque spécialisée dans la clientèle des entreprises et dans l'intervention sur les marchés.

**Banque centrale :** banque ayant le monopole de l'émission de la monnaie et qui est garante de la valeur de celle-ci.

**Bilan :** inventaire de tout ce qu'une entreprise possède (actif) et de tout ce qu'elle doit (passif).

**Bourse :** marché sur lequel s'échangent des actions et des obligations.

**Capital :** ensemble des moyens financiers qui appartiennent en propre à une entreprise.

**Capital risque :** investissement réalisé dans le capital de PME non cotées en Bourse. Les sociétés qui font ce métier bénéficient d'importants avantages fiscaux.

**Change :** opération de transfert d'une monnaie dans une autre.

**COB :** Commission des opérations de Bourse, organisme chargé de surveiller le fonctionnement du marché financier français.

**Compensation :** procédé simplifiant les règlements entre plusieurs débiteurs et créanciers et qui permet de limiter les transferts de monnaie.

**Cote ou cours :** valeur d'une action ou d'une obligation en Bourse.

**Créance :** droit d'obtenir au bout d'un certain délai l'exécution d'une prestation en nature ou en espèces, par exemple le remboursement d'une somme d'argent prêtée.

**Crédit :** prêt effectué par une banque contre l'engagement de rembourser dans un délai déterminé la somme prêtée augmentée des intérêts dus sur cette somme.

**Crédit à la consommation :** crédit destiné à l'achat d'un bien (voiture, meubles…).

**Crédit-bail :** location d'équipements mobiliers ou immobiliers comportant une promesse de vente au profit du locataire.

**Dépôt :** argent confié à une banque et que l'on peut retirer à tout moment (dépôts à vue) ou à échéances fixes (dépôts à terme).

**Dépôt de bilan :** état d'une entreprise qui ne peut plus rembourser ses dettes et se déclare insolvable.
Précède la faillite, qui sera déclarée judiciairement.

**Déréglementation :** abandon de certaines règles régissant les marchés financiers.

**Désintermédiation :** processus intervenu dans les années 1985 dans le secteur financier qui a permis aux entreprises d'avoir un accès direct à des sources de financement non bancaires.

**Dette publique :** dette de l'État.

**Devise :** moyen de paiement en monnaie étrangère valable sur les marchés internationaux.

**Dividende :** somme payée périodiquement (annuelle en général, mais qui peut-être trimestrielle) pour rémunérer le propriétaire d'une valeur mobilière. C'est le « loyer de l'argent » correspondant à l'immobilisation des fonds.

**Emprunt :** prêt effectué auprès d'une banque.

**Engagements :** dans le domaine bancaire, prêts et crédit accordés.

**Épargne :** partie du revenu non dépensée qui peut être soit thésaurisée (conservée sans rémunération) soit placée (dans une banque, en Bourse...).

**Fonds de pension :** organismes servant à payer des retraites à ceux qui ont épargné dans le cadre de leur vie professionnelle.

**Fonds propres :** argent appartenant en propre à l'entreprise (par opposition à l'argent emprunté).

**GAFI :** Groupe d'action financière sur le blanchiment des capitaux créé en juillet 1989 à Paris lors du Sommet de l'Arche. Ce groupement réunit actuellement quinze pays.

**Inflation :** hausse générale des prix.

**Intérêt, taux d'intérêt :** somme due par l'emprunteur au prêteur en fonction de la somme d'argent prêtée, et dont le montant est fixé à l'avance par un taux (pourcentage).

**Krach :** chute brutale des cours de Bourse.

**Libéralisme :** système économique privilégiant l'initiative individuelle.

**Marché :** lieu où s'opèrent des transactions entre vendeurs et acheteurs.

**Marché des changes :** marché sur lequel s'échangent les monnaies.

**Marché financier :** marché où s'échangent les valeurs mobilières (actions et obligations).

**Marge :** différence entre un prix de vente et un coût de production.
En matière bancaire, différence entre le taux auquel la banque fait crédit et le taux auquel celle-ci se finance.

# Glossaire (suite)

**Mondialisation :** conséquence de l'internationalisation des marchés qui entraîne une dépendance des économies des pays entre elles.

**Monopole :** sur un marché, lorsqu'un vendeur est seul et qu'il n'y a pas de concurrence.

**Nationalisation :** achat par l'État d'une entreprise privée.

**Obligation :** valeur mobilière échangée en Bourse qui représente une créance sur un emprunteur, que celui-ci soit l'État ou une entreprise.

**Participation :** action de prendre part au capital d'une entreprise.

**Plus-Value :** différence positive entre le prix de revient et la valeur instantanée d'un bien, assurant un gain à son propriétaire. Elle est latente lorsque, le bien n'étant pas vendu, elle reste variable en fonction de l'évolution future du prix instauré du bien.

**Prêt :** *voir* crédit.

**Prêt sur gage :** prêt garanti par un bien.

**Privatisation :** vente au secteur privé d'une entreprise appartenant à l'État.

**Produit intérieur brut (PIB) :** ensemble des biens et services produits dans un pays.

**Produit national brut (PNB) :** idem que le PIB, mais tenant compte des transferts de revenus avec l'étranger.

**Provision :** somme destinée par une entreprise à la couverture d'une charge ou d'une perte.

**Ratios :** rapprochement entre deux données chiffrées aptes à rendre compte de la situation d'une entreprise sous l'un ou l'autre de ses aspects : activité, structure financière, rendement économique, rentabilité. On distingue les ratios financiers qui constituent une évaluation des performances et du rendement, et les ratios prudentiels qui visent à apprécier le risque.

**Rendement :** rapport entre un élément destiné à la réalisation d'un produit et la valeur de ce produit.

**Rentabilité :** capacité d'un capital placé ou investi à produire un revenu financier.

**Résultat :** récapitule les charges et les produits relatifs à l'ensemble des activités d'une entreprise et en donne le solde.

**Spéculation :** opération consistant à faire des bénéfices en anticipant sur les hausses et les baisses de prix, notamment dans le domaine financier.

**Taux de change :** rapport entre la quantité de monnaie d'un pays qu'on peut obtenir avec une quantité de monnaie d'un autre. Le marché où s'échangent les devises (dollars, francs français, deutsch Marks) s'appelle le marché des changes.

**Usure :** fait de prêter une somme d'argent en demandant un intérêt en plus du remboursement de la somme empruntée ; le taux de l'usure désigne aujourd'hui le taux maximal auquel il est possible réglementairement de prêter.

# Bibliographie


## Ouvrages sur les banques

BOUVIER (Jean),
*Un siècle de banque française,*
Hachette, 1973.
Un chef d'œuvre sur l'histoire de la banque en France.

DURAND (Michel),
*La Bourse,*
La Découverte, coll.« Repères », 1995.
Clair, précis et critique.

PASTRÉ (Olivier),
*La modernisation des banques françaises,*
La Documentation Française, 1986.
Rapport officiel. Diagnostic des problèmes de la profession.

BLANC (Pierre), PROST (Alain), VIGOUROUX (Claude),
*Découvrir la banque,*
Dunod, 1991.
Pédagogique et complet.
Une bonne introduction.

MOUSSY (Jean-Pierre),
*Les banques françaises: bilan et perspectives,*
FBSF, 1995.
Un dossier CFDT.
Beaucoup de chiffres et beaucoup d'idées.

SIMON (Claude),
*Les banques,*
La Découverte, coll. « repères », 1990.
Un livre de synthèse pour aller plus loin.

*Les systèmes financiers,*
Les Cahiers Français, 1986.
Simple, clair et précis.

Commission Bancaire:
Rapport annuel,
Banque de France.

Conseil National du Crédit (Banque de France):
Rapport annuel, Banque de France.

Association française des banques (AFB):
Rapport annuel, AFB.

Association française des banques (AFB):
Lexique bancaire, 1995, AFB.

Association française des banques (AFB):
Le système bancaire français, 1995, AFB.

Les rapports de réflexion de l'AFB:
– *La banque et ses clients;*
– *Banques, risques et croissance;*
– *L'Europe en vue;*
– *Les 10 années qui ont marqués le monde bancaire.*

Ces rapports, publiés par le syndicat professionnel, bien que n'étant pas d'une objectivité absolue, sont bien faits et sont disponibles gratuitement.
Tél.: 01 48 00 50 05.

## Ouvrages sur les métiers bancaires

PÉREZ (Didier),
*Les métiers de la banque,*
coll. « l'Étudiant Pratique ».

THÉVENET (François),
*Les métiers de l'argent - assurance - banque - Bourse,*
coll. « CIDJ » - Phosphore.

*Les métiers de la banque,*
1992 (diffusion: SDTB, tél.: 01 48 00 51 37).

# Bibliographie (suite)


*Les carrières du secteur bancaire,*
Fiche du CIDJ n° 2 351, mars 1996.

*Les carrières de la banque,*
Les cahiers de l'Onisep n° 17,
ministère de l'Éducation nationale.

*Les métiers de la banque,*
coll. « Demain les cadres », APEC


## Revues


*Revue Banque*
(AFB - Mensuel).L'actualité bancaire.

*Bulletin trimestriel de la Banque de France.*
Articles de référence.

*Revue d'économie financière*
(Le Monde éditions - Trimestriel).
Revue universitaire incontournable.

*Alternatives économiques*
Un mensuel pas toujours sur la banque mais toujours passionnant et critique.

*Problèmes économiques*
Dans cet hebdomadaire édité par la Documentation Française, une sélection très bien faite des meilleurs articles économiques. Souvent consacré aux problèmes financiers.

*50 millions de consommateurs.*
La revue de l'Institut national de la consommation qui publie environ une fois par an un dossier sur les banques pour mieux se défendre.


## Dictionnaires


SOUSI-ROUBI (Bernard),
*Lexique de banque et de bourse,*
Dalloz, 1990.

CROZET (Yves), BELLETANTE (Bernard), GOMEZ (Pierre-Yves), LAURENT (Benoît),
*Dictionnaire de banque et de bourse,*
Armand Colin, 1993.


## Minitel

Le serveur Minitel de l'AFB (3617 AFB1) regroupe 6 rubriques:
- l'AFB, son rôle, ses membres;
- la banque en chiffres;
- les banques françaises dans le monde;
- emploi, formation, recrutement;
- les principaux taux bancaires;
- un lexique des termes bancaires.

## Vidéocassettes

*Objectif Banque.*
Fiction autour des métiers de la banque.
Durée: 15 min.

Dans la collection «À fond la banque»:
- n° 1: *Le surendettement des ménages*
- n° 2: *Nouvelle loi sur le chèque sans provision*
- n° 3: *Charte des services bancaires de base*
- n° 4: *Tant qu'il y aura des banques*

Diffusion: SDTB, tél.: 01 48 00 51 37.

## Internet

Bloomberg (www.bloomberg.com).
Actualité financière, indices internationaux, devises, etc.

Finance Net (www.finance-net.com).
2 000 sites classés par thèmes et par pays pour suivre les cotations boursières.

SBF (www.bourse-de-paris.fr).
Présentation boursière et financière des 120 premières sociétés cotées.

# Index *Le numéro de renvoi correspond à la double page.*

## Dans la même collection :

1. Le cinéma
2. Les Français
3. Platon
4. Les métiers de la santé
5. L'ONU
6. La drogue
7. Le journalisme
8. La matière et la vie
9. Le sida
10. L'action humanitaire
12. Le roman policier
13. Mini-guide du citoyen
14. Créer son association
15. La publicité
16. Les métiers du cinéma
17. Paris
18. L'économie de la France
19. La bioéthique
20. Du cubisme au surréalisme
21. Le cerveau
22. Le racisme
23. Le multimédia
25. Les partis politiques en France
26. L'islam
27. Les métiers du marketing
28. Marcel Proust
29. La sexualité
30. Albert Camus
31. La photographie
32 Arthur Rimbaud
33. La radio
34. La psychanalyse
35. La préhistoire
36. Les droits des jeunes
37. Les bibliothèques
38. Le théâtre
39. L'immigration
40. La science-fiction
41. Les romantiques
42. Mini-guide de la justice
43. Réaliser un journal d'information
44. Cultures rock
45. La construction européenne
46. La philosophie
47. Les jeux Olympiques
48. François Mitterrand
49. Guide du collège
50. Guide du lycée
51. Les grandes écoles
52. La Chine aujourd'hui
53. Internet
54. La prostitution
55. Les sectes
56. Guide de la commune
57. Guide du département
58. Guide de la région
59. Le socialisme
60. Le jazz
61. La Yougoslavie, agonie d'un État
62. Le suicide
64. Les transports publics et la ville
65. Descartes
66. La bande dessinée
67. Les séries TV
68. Le nucléaire, progrès ou danger ?
69. Les francs-maçons
70. L'Afrique : un continent, des nations
71. L'argent
72. Les phénomènes paranormaux
73. L'extrême droite aujourd'hui
74. La liberté de la presse
75. Les philosophes anciens
76. Les philosophes modernes
77. Le bouddhisme
78. Guy de Maupassant
79. La cyberculture
80. Israël
82. La corrida
83. Guide de l'État

Responsable éditorial : Bernard Garaude, Directeur de collection – édition : Dominique Auzel,
Secrétariat d'édition : Véronique Sucère, Sylviane Baudois, Correction – révision : Didier Dalem,
Iconographie : Sandrine Guillemard,
Conception graphique, couverture : Bruno Douin.
Maquette : octavo, Infographies : François Lemouel, Illustrations : Jean-Claude Pertuzé
Fabrication : Isabelle Gaudon, Hélène Zanolla

Crédit photos :
Explorer : pp. 3, 13, 29, 31, 40, 43, 44, 49, 50 / Mission des Travaux Historiques - Caisse des Dépôts et Consignations : pp. 4, 5, 6, 8, 10 / P. Massacret : p. 18 / D. Chauvet : p. 23, 48-49, 57.

L'auteur remercie Michel Castel et Jean-Marie Thiveaud qui ont accepté de critiquer une première version de ce livre et qui ont donc permis d'en améliorer la compréhension.



Aubin Imprimeur, 86240 Ligugé. — D.L. avril 1997. — Impr. P 53432